**초등학생
과학 궁금증
100**

정재은 지음
대학에서 역사를 공부하고 처음으로 어린이 역사책을 썼어요. 어린이들과 함께 다양한 분야의 지식을 쉽게 이야기하고 싶어서, 과학, 수학, 역사 등 다양한 어린이 책을 쓰고 있어요. 그동안 쓴 책으로 〈철학상점〉, 〈수상한 로봇가게〉, 〈멘델 아저씨네 완두콩 텃밭〉, 〈팽 박사의 생태 탐험〉 시리즈, 〈수학 유령의 미스터리 수학〉 시리즈, 〈정재승의 인간 탐구보고서〉 시리즈 등이 있어요.

그양 그림
대학에서 서양화를 공부했고, 어린이에게 그림을 가르치기도 하고 멋진 그림을 그리기도 해요. 보는 사람의 마음이 편안해 지는 그림을, 다양한 그림체로 그리고 있어요. 〈딱 한 번 읽고 바로 써먹는 30일 기초 영문법〉의 책속 그림과 〈경험경제〉, 〈하버드 스타트업 바이블〉, 〈빨강머리앤이 가르쳐준 소중한 것들〉 등의 표지 그림을 그렸어요.

어린이가 진짜로 궁금했던 과학이야기

초등학생 과학 궁금증 100

지은이 정재은 | 그린이 그양
펴낸이 정규도 | 펴낸곳 (주)다락원

초판 1쇄 발행 2021년 10월 29일
　　 3쇄 발행 2023년 11월 17일
편집총괄 최운선 | 책임편집 김민지, 서정은

경기도 파주시 문발로 211
내용문의 (02) 736-2031 내선 273 | 구입문의 (02) 736-2031 내선 250~252 | Fax (02) 732-2037
출판등록 1977년 9월 16일 제406-2008-000007호

Copyright © 2021, 정재은

저자 및 출판사의 허락 없이 이 책의 일부 또는 전부를 무단 복제·전재·발췌할 수 없습니다.
구입 후 철회는 회사 내규에 부합하는 경우에 가능하므로 구입문의처에 문의하시기 바랍니다.
분실·파손 등에 따른 소비자 피해에 대해서는 공정거래위원회에서 고시한 소비자 분쟁 해결 기준에 따라 보상 가능합니다.
잘못된 책은 바꿔 드립니다.

ISBN 978-89-277-4772-7 73400

http://www.darakwon.co.kr
다락원 홈페이지를 통해 인터넷 주문을 하시면 자세한 정보와 함께 다양한 혜택을 받으실 수 있습니다.

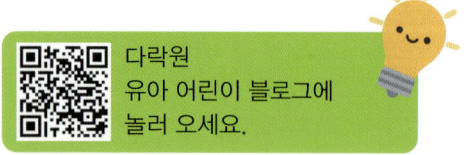

어린이가 진짜로 궁금했던 과학이야기

초등학생
과학 궁금증
100

정재은 지음
그양 그림

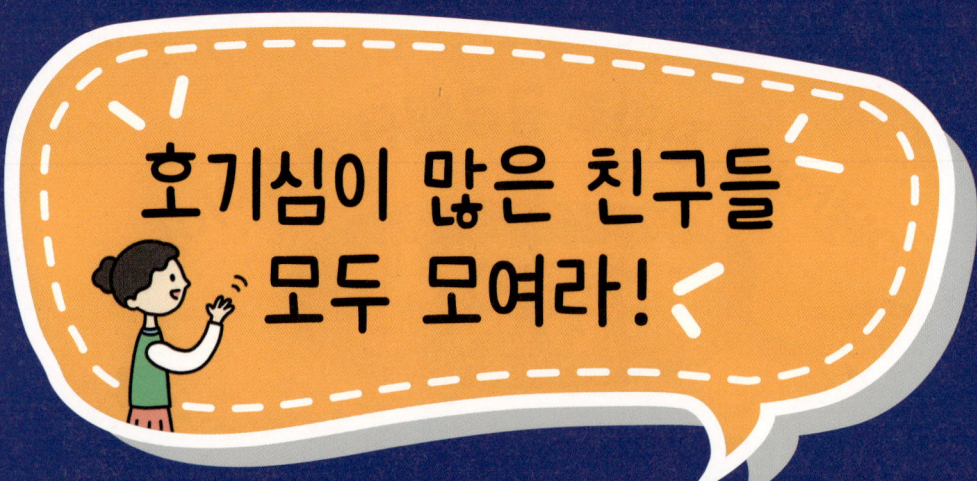

호기심이 많은 친구들 모두 모여라!

새롭고 신기한 것을 보면
낯설고 두려우면서도 왠지 모르게 끌려.
모르는 것을 보면 어쩐지 알고 싶은 궁금증이 생겨.
그게 바로 '호기심'이야.

우리는 종종 호기심을 느껴.
놀다가, 먹다가, 씻다가, 공부하다가, 책을 읽다가,
매미를 잡다가, 친구와 이야기하다가도 종종!

특히 과학에 대해 궁금한 점이 많이 있을 걸!

"한 장씩 읽다 보면 과학 상식이 쑥쑥 자랄거야!"

"뜨거운 라면 국물에 담근 숟가락은 왜 뜨거워졌지?"
"물은 단단하지도 않은데 왜 칼로 베어지지 않을까?"
"별똥별에 소원을 빌면 이루어질까?"

한 번이라도 이런 궁금증을 가져본 사람,
또는 과학 호기심을 통 느껴본 적이 없는 사람,
모두 모두 《초등학생 과학 궁금증 100》을 펼쳐 봐.
하루 한 쪽씩 읽으며 호기심을 해결하기도 하고,
새로운 호기심을 불러일으키기도 하면 좋겠어.

2021 가을
정재은

차례

001	사람	내 몸에서 가장 무거운 곳은 어디일까?	12
002	우주	태양은 별일까?	13
003	우주	태양계에서 가장 큰 행성은 무엇일까?	14
004	물리	뜨거운 국에 담근 숟가락은 왜 뜨거워질까?	16
005	동물	상어는 왜 평생 헤엄을 멈출 수 없을까?	17
006	생물	생물과 무생물은 무엇이 다를까?	18
007	식물	식물도 숨을 쉴까?	19
008	물리	온도계의 섭씨는 무슨 뜻일까?	20
009	지구	땅을 계속 파면 지구 반대편이 나올까?	21
010	지구	바다의 깊이는 어떻게 잴까?	22
011	식물	선인장은 물이 부족한 사막에서 어떻게 살까?	23
012	지구	왜 종이 비행기를 날리면 땅으로 떨어질까?	24
013	물리	바닷가에는 왜 바람이 많이 불까?	26
014	물리	막대자석을 반으로 자르면 어떻게 될까?	27
015	생물	지구에는 생물이 몇 가지나 있을까?	28
016	화학	불을 피우려면 무엇이 필요할까?	29
017	식물	식물은 광합성으로 무엇을 만들까?	30

018 | 물리	공과 색종이를 동시에 떨어뜨리면 뭐가 먼저 떨어질까?	31
019 | 우주	내 몸무게는 달에서 재도 똑같을까?	32
020 | 사람	사람은 평생 얼마나 먹을까?	34
021 | 우주	태양이 없다면 지구는 어떻게 될까?	35
022 | 동물	크릴은 어떻게 지구를 지킬까?	36
023 | 생물	지구의 생물들은 처음부터 다양했을까?	37
024 | 생물	버섯은 식물일까?	38
025 | 동물	피는 왜 빨간색일까?	39
026 | 사람	내 혈액형은 어떻게 정해졌을까?	40
027 | 물리	자석은 왜 철을 끌어당길까?	42
028 | 동물	사람과 강아지가 보는 세상은 같을까?	43
029 | 화학	플라스틱은 무엇으로 만들까?	44
030 | 화학	사람들은 왜 편리한 플라스틱을 최악의 발명품이라고 할까?	45
031 | 생물	세균과 바이러스는 서로 다를까?	46
032 | 사람	음식을 완전히 소화하려면 얼마나 걸릴까?	47
033 | 사람	쌍둥이에게도 다른 점이 있을까?	48
034 | 식물	벌레잡이 식물은 어떻게 벌레를 잡을까?	49

035 | 우주	얼마나 우주 멀리 나가야 지구가 한눈에 보일까?	50
036 | 지구	지구는 얼마나 빨리 움직일까?	52
037 | 우주	드넓은 우주의 거리를 재는 단위는?	53
038 | 식물	나무는 키가 얼마만큼까지 클 수 있을까?	54
039 | 동물	철새도 길을 잃을 때가 있을까?	55
040 | 사람	예방주사를 꼭 맞아야 할까?	56
041 | 물리	개미보다 작은 것은 무엇으로 봐야 할까?	57
042 | 사람	잠을 안자면 어떻게 될까?	58
043 | 물리	자동차가 갑자기 출발하면 왜 몸이 뒤로 쏠릴까?	60
044 | 화학	사람이 다이아몬드를 만들어낼 수 있을까?	61
045 | 화학	석탄과 석유는 어떻게 생겨났을까?	62
046 | 지구	지진이 자주 일어나는 지역은 따로 있을까?	63
047 | 물리	자석으로 전기를 만들 수 있을까?	64
048 | 우주	우주에서 가장 추운 곳은 어디일까?	65
049 | 동물	어떤 동물이 사람을 가장 많이 죽게 했을까?	66
050 | 사람	냄새가 안 나는 땅도 있을까?	67
051 | 식물	식물은 왜 씨앗을 멀리 보낼까?	68

052 | 사람	기억력을 높이는 방법이 있을까?	70
053 | 식물	과일은 왜 익으면 색깔이 바뀔까?	71
054 | 사람	우리 몸에서 가장 튼튼한 뼈는 뭘까?	72
055 | 동물	작고 귀여운 스컹크의 무기는 무엇일까?	73
056 | 사람	마스크는 어떻게 무서운 감염병을 막아줄까?	74
057 | 물리	투명망토를 만들 수 있을까?	75
058 | 물리	막대기로 지구를 들어올릴 수 있을까?	76
059 | 우주	지구에서는 왜 달의 뒷면이 안 보일까?	77
060 | 우주	달은 왜 모습이 자꾸만 변할까?	78
061 | 동물	꿀벌이 사라지면 우리는 어떻게 될까?	80
062 | 사람	사람은 얼마나 오래 숨을 참을 수 있을까?	81
063 | 생물	바이러스는 사람만 공격할까?	82
064 | 화학	왜 칼로 물을 베지 못할까?	83
065 | 물리	소리가 들리지 않는 곳도 있을까?	84
066 | 사람	사람의 뇌는 얼마나 클까?	85
067 | 화학	얼음은 왜 불에 쓸까?	86
068 | 동물	곤충에게도 귀가 있을까?	87

069 | 물리	번개의 정체는 뭘까?	**88**
070 | 동물	사람의 조상은 원숭이일까?	**90**
071 | 사람	내 목소리를 녹음해서 들으면 왜 어색할까?	**91**
072 | 화학	마음대로 날씨를 바꿀 수 있을까?	**92**
073 | 동물	박쥐는 무엇으로 세상을 볼까?	**93**
074 | 사람	사람이 느낄 수 있는 맛은 몇 가지일까?	**94**
075 | 사람	사람은 언제까지 자랄까?	**95**
076 | 화학	공기에도 무게가 있을까?	**96**
077 | 동물	죽지 않는 동물도 있을까?	**98**
078 | 사람	인공지능은 사람보다 똑똑할까?	**99**
079 | 우주	달에 찍힌 발자국은 지금도 남아있을까?	**100**
080 | 우주	달에 가본 사람은 몇 명일까?	**101**
081 | 지구	지구는 왜 점점 더워질까?	**102**
082 | 우주	우주 쓰레기는 누가 버렸을까?	**103**
083 | 동물	가장 강한 독을 가진 동물은 누구일까?	**104**
084 | 사람	목이 마를 때 바닷물을 마셔도 될까?	**106**
085 | 물리	흰 구름과 먹구름은 왜 색이 다를까?	**107**

086 | 우주	우주 로켓은 얼마나 빨라야 지구를 벗어날 수 있을까?	108
087 | 동물	복제 인간을 만들 수 있을까?	109
088 | 물리	시간 여행은 가능할까?	110
089 | 동물	덩치가 큰 동물은 똥도 오래 눌까?	111
090 | 지구	미래에는 어떤 에너지를 사용할 수 있을까?	112
091 | 우주	지구에서 가장 멀리 날아간 우주선은 무엇일까?	114
092 | 사람	우주여행은 우리 몸을 어떻게 바꿀까?	115
093 | 사람	심장은 1분에 몇 번이나 뛸까?	116
094 | 화학	원자와 분자는 어떻게 다를까?	117
095 | 생물	최악의 바이러스는 뭘까?	118
096 | 우주	별똥별은 정말 소원을 들어줄까?	120
097 | 사람	커피를 마시면 왜 잠이 안 올까?	121
098 | 생물	유전자 변형 식품은 우리 유전자도 바꿀까?	122
099 | 사람	냉동인간은 다시 깨어날 수 있을까?	123
100 | 지구	비가 많이 내리면 지구가 더 무거워질까?	124
찾아보기		125

지금부터 출발!

 사람

001 내 몸에서 가장 무거운 곳은 어디일까?

우리 몸은 78개나 되는 기관들로 이루어져 있어. 눈, 코, 입처럼 우리 눈에 보이는 것도 있고, 심장, 간, 뼈, 근육처럼 눈에 안 보이는 것도 있지. 이 기관들은 역할에 따라 운동 기관, 순환 기관, 감각 기관 등으로 나누어져. 이렇게 수많은 기관들 중에서 가장 무거운 기관은 무엇일까?

정답은 바로 근육이야.
근육은 몸무게의 약 40%를 차지해.
몸무게가 40kg이라면
근육은 약 16kg이야.

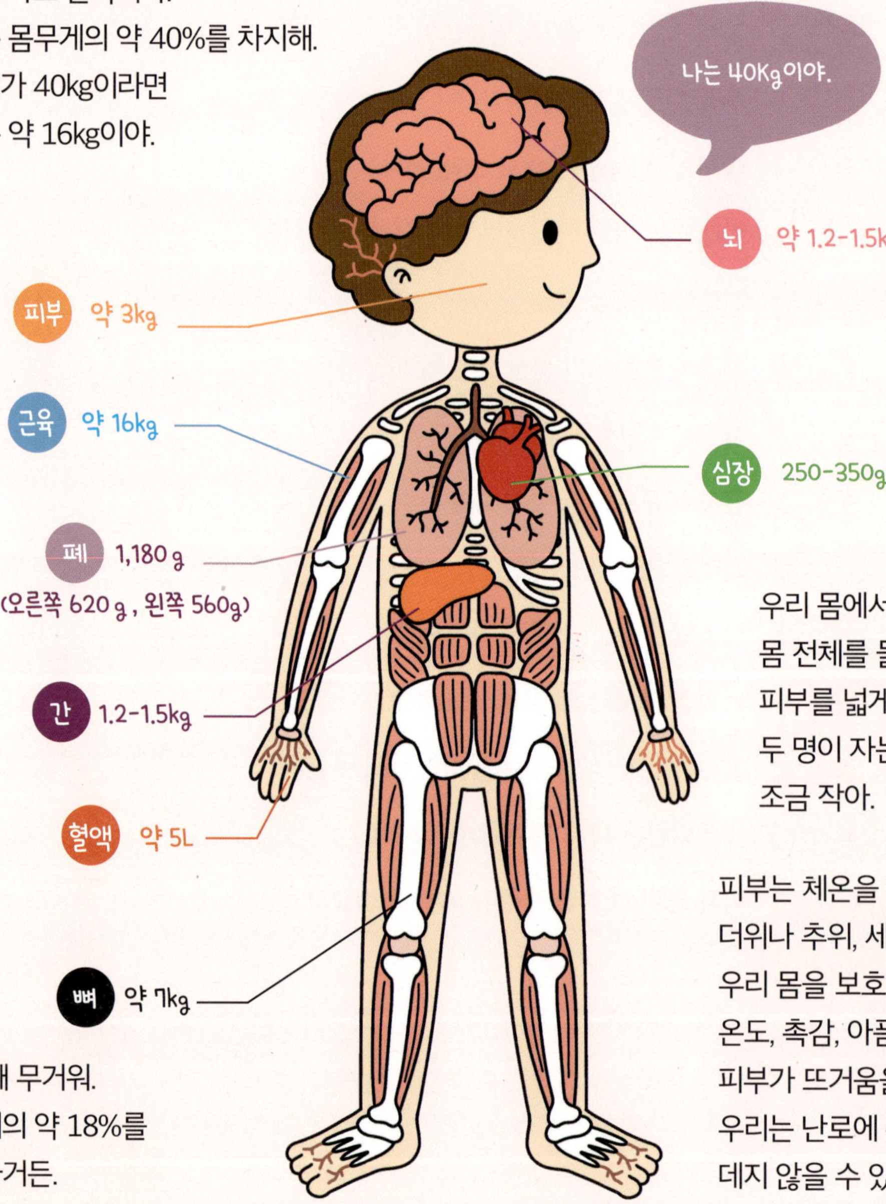

나는 40kg이야.

뇌 약 1.2~1.5kg
피부 약 3kg
근육 약 16kg
심장 250~350g
폐 1,180g (오른쪽 620g, 왼쪽 560g)
간 1.2~1.5kg
혈액 약 5L
뼈 약 7kg

우리 몸에서 가장 넓은 기관은, 몸 전체를 둘러싼 피부야. 피부를 넓게 펼치면 두 명이 자는 침대보다 조금 작아.

피부는 체온을 일정하게 지키고, 더위나 추위, 세균 등으로부터 우리 몸을 보호해 줘. 온도, 촉감, 아픔도 피부로 느껴. 피부가 뜨거움을 느끼기 때문에 우리는 난로에 손을 데지 않을 수 있어.

뼈도 꽤 무거워.
몸무게의 약 18%를
차지하거든.

 우주

002 태양은 별일까?

밤하늘에서 유난히 반짝이며 아름답게 빛나는 금성을 우리나라에서는 샛별이라고 불러.
샛별은 이름에도 '별'이 들어가는데, 과학자의 눈으로 보면 별이 아니래.
과학자들은 태양계에 별은 딱 하나뿐이라고 해. 심지어 그 별은 밤에 보이지도 않는대.
그 별은 도대체 무엇일까?

태양계에서 유일한 별은 바로 태양이야. 우주에 있는 모든 물체를 천체라고 하는데,
과학에서는 스스로 빛을 내는 천체만 별이라고 하거든.
태양처럼 이글이글 타오르며 빛을 내야 별이야. 별은 다른 말로 항성이라고도 불러.

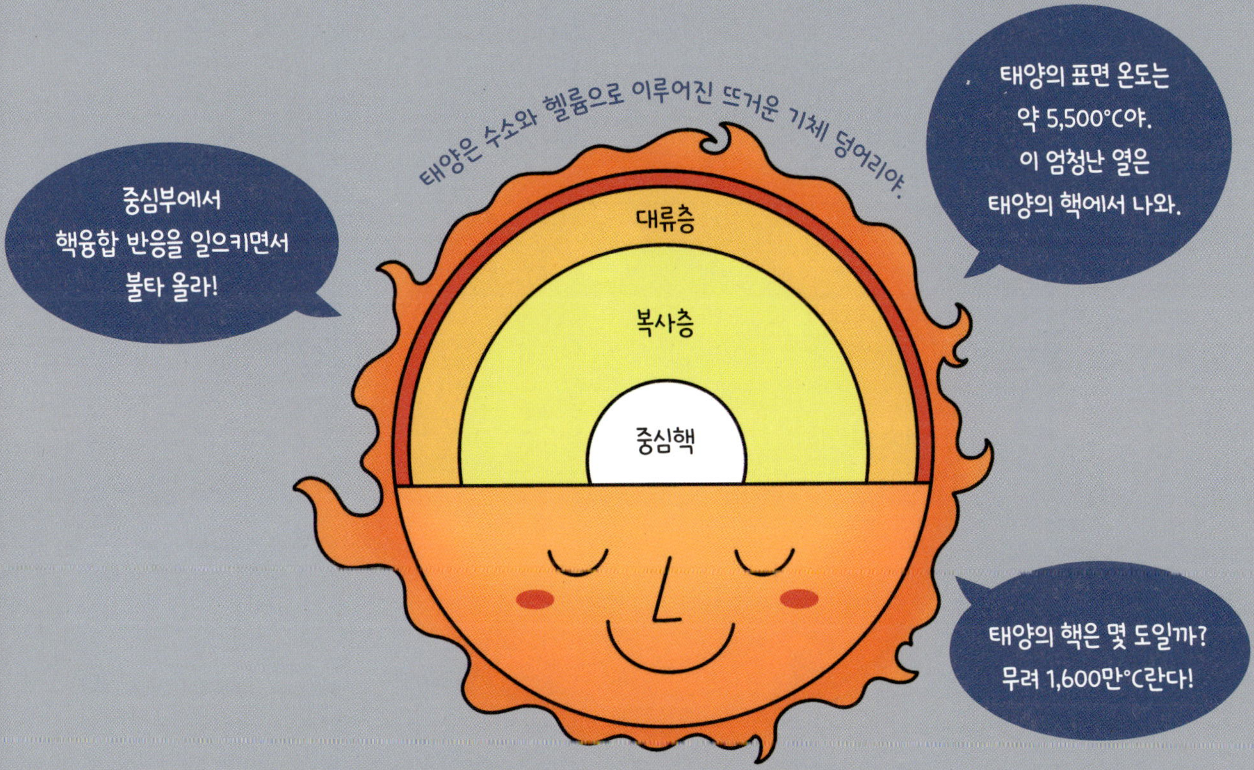

태양은 수소와 헬륨으로 이루어진 뜨거운 기체 덩어리야.

태양의 표면 온도는 약 5,500°C야. 이 엄청난 열은 태양의 핵에서 나와.

중심부에서 핵융합 반응을 일으키면서 불타 올라!

대류층
복사층
중심핵

태양의 핵은 몇 도일까? 무려 1,600만°C란다!

태양의 주위를 도는 화성, 목성, 지구 등은 행성이야.
행성은 스스로 빛을 내지 못하고 태양 빛을 반사하기 때문에 별이 아니야.

003 태양계에서 가장 큰 행성은 무엇일까?

태양이 영향을 미치는 우주 공간을 태양계라고 해.
태양계에는 태양의 둘레를 도는 8개의 행성이 있어.
우리가 살고 있는 지구도 태양계에 속한 행성이야.
또 어떤 행성들이 있을까?

가장 뜨거운 행성은 금성이야.
수성이 태양에 더 가까운데 왜 금성이 더 뜨거울까?
금성을 둘러싼 대기에는 이산화탄소가 많아서
태양으로부터 온 열기를 꽉 가두기 때문이야.

태양 / 수성 / 금성 / 지구 / 화성 / 목성

태양계에서 가장 작은 행성은 수성이야.
지구가 방울토마토 크기라면
수성은 말린 후추 알갱이만큼 작아.
얼마나 작은지 상상이 되니?

나는 태양계에서 제일 큰 행성이야!
지구 부피의 1,300배나 된다구!

8개의 행성들은 태양으로부터 떨어진 거리가 모두 달라.
행성들은 태양 주변을 같은 방향으로 돌고 있는데,
한 바퀴를 도는 데 걸리는 시간도 각각 달라.
그래서 태양 주위를 돌 때 서로 부딪히지 않는단다.

내가 제일 차가워!
아니야! 나야!

토성   천왕성   해왕성

가장 차가운 행성은 천왕성과 해왕성이야.
둘 다 너무 차가운 얼음 행성이라
누가 더 차가운지 가리기 어려워.

태양과 같은 항성의 주변을 도는 천체가 행성이야.
그런데 그 행성의 주변을 도는 천체도 있어.
그 천체를 위성이라고 해. 지구도 위성을 가지고 있어.
밤하늘에 둥실 뜬 달이야!

004 뜨거운 국에 담근 숟가락은 왜 뜨거워질까?

뜨거운 라면 국물에 담갔던 숟가락을 입에 댔다가 입술을 덴 적이 있어.
차가운 숟가락을 잠깐 담가뒀는데도 금세 뜨거워졌지 뭐야.
이 모습을 과학자가 봤다면 '열이 전도되었군!'이라고 말할 거야. 열이 전도되는 게 뭘까?

'열의 전도'는 열이 이동하는 성질이야.
열은 온도가 높은 쪽에서 낮은 쪽으로 움직여.
뜨거운 국물의 열이 차가운 숟가락으로 이동하여
숟가락을 뜨겁게 만든 거야.

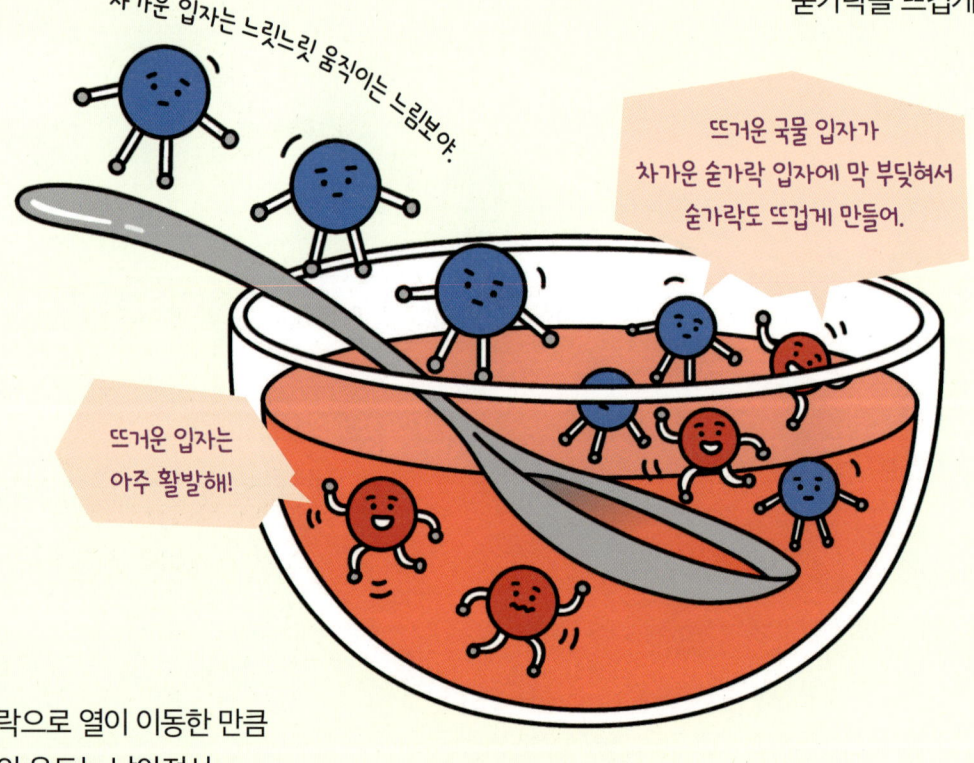

숟가락으로 열이 이동한 만큼
국물의 온도는 낮아져서
시간이 지나면 점점 숟가락과 국물의 온도가 비슷해져.
이것을 '열평형'이라고 해

005 상어는 왜 평생 헤엄을 멈출 수 없을까?

상어가 나온 영화를 본 적 있니? 영화 속 사람들은 상어의 지느러미만 보여도 겁에 질려 벌벌 떨어. 그 무서운 상어는 백상아리야. 두려울 게 하나도 없는 바다의 무법자 백상아리에게도 약점은 있어. 물고기라면 당연히 가지고 있을 법한 두 가지가 없거든. 그게 뭘까?

백상아리를 비롯한 상어에게는 아가미뚜껑이 없어.
물고기들은 아가미뚜껑을 움직여서
물을 빨아들인 다음 그 속에서 산소를 흡수해.
아가미뚜껑이 없는 상어는
입을 벌린 채 헤엄을 쳐서 물을 빨아들여.
헤엄을 멈추면 산소를 빨아들일 수 없기 때문에
상어는 평생 헤엄을 쳐야 해.

나는 헤엄을 멈추면 가라앉아 버린다구!

왜 멈추지도 않고 계속 쫓아오는 거야!

상어에게는 부레도 없어.
부레는 물고기가 물속에서 뜨거나
가라앉게 조절하는 기관이야.
뜨고 싶으면 몸속 산소를 내서
부레를 부풀리고,
가라앉고 싶으면 산소를 흡수하여
부레의 부피를 줄이지.
부레 덕분에 물고기들은
헤엄을 멈춰도 가라앉지 않아.

부레가 없는 상어는 가라앉지 않기 위해 계속 헤엄을 쳐야 해.
부레 대신 간에 지방을 많이 저장해서 몸을 가볍게 만들었지만 헤엄을 멈추면 가라앉고 말거든.
하지만 상어는 불만이 없을 거야. 몸이 가벼워진 덕분에 더 뛰어난 사냥꾼이 되었으니까 말이야.
물론 평생 쉬지 못하는 운명이 되었지만.

006 생물과 무생물은 무엇이 다를까?

우리 주변에 있는 많은 것들은 생물과 무생물로 나눌 수 있어.
생물과 무생물은 어떻게 구분할 수 있을까?
아래 그림을 보고 어떤 것이 생물이고, 어떤 것이 무생물인지 맞춰볼 수 있겠니?

강아지는 생물이고 바위는 무생물이야.
강아지는 스스로 움직이고
바위는 못 움직이니까.
움직일 수 없는 나무는 무생물일까?
나무는 생물이야. 왜 그럴까?

최첨단 인공지능 로봇은 사람처럼 움직이고
사람만큼 똑똑해. 로봇은 생물일까?
물론 아니야. 로봇은 살아있지 않으니까.
살아있는지 아닌지는
어떻게 알 수 있을까?

살아있으면 숨을 쉬고, 먹이를 먹고, 소화시켜서 찌꺼기를 내보내.
또 자신의 유전자가 담긴 자손을 퍼뜨리지.
이렇게 생물이 살아있기 위해 하는 활동을 생명 활동이라고 해.
생명 활동은 생물의 몸을 이루는 가장 작은 단위인 세포에서 이루어져.
그러니까 아무리 작아도 세포로 이루어져 있으면 살아있는 생명체야.
세포 하나로 이루어진 세균도, 세포 수십 조 개로 이루어진 사람도 다 생물이야.

 식물

007 식물도 숨을 쉴까?

지구에 사는 동물들은 다 호흡을 해. 산소를 마시고 이산화탄소를 내뱉지. 가끔은 걱정이 돼. 언젠가 지구상의 동물들이 산소를 다 마셔버리면 어쩌지?

다행히 지구에는 천연 산소 공장이 있어. 바로 식물이야.
식물은 햇빛을 이용해 광합성을 하는데,
그 과정에서 이산화탄소를 흡수하고 산소를 내뿜거든.
그럼 식물은 호흡을 하지 않을까?
아니, 식물도 다른 생물들처럼 호흡을 해.

우리가 산소를 다 마셔버리면 어쩌지?

내가 산소를 만들어 줄테니까 걱정마!

낮에는 식물이 호흡보다 광합성을 많이 해서 이산화탄소보다 산소를 훨씬 더 많이 뿜어내.
밤에는 햇빛이 없어서 광합성을 못 하고 호흡으로 이산화탄소만 내뿜는 단다.

광합성으로 산소를 만들어.

햇빛이 없으면 산소를 못 만들어.

008 온도계의 섭씨는 무슨 뜻일까?

우리는 온도를 이야기할 때 흔히 섭씨라는 단위를 사용해.
예를 들어 물은 섭씨 100도에서 끓고, 섭씨 0도에서 언다고 하지.
온도를 말할 때 숫자 앞에 붙는 '섭씨'는 무슨 뜻일까?

섭씨(℃)는 사람의 이름에서 나온 말이야. 스웨덴의 물리학자 셀시우스의 이름에서 따왔단다.
중국에서는 셀시우스의 이름을 한자로 섭이사(攝爾思)라고 표기했고
그 중 첫글자를 따서 '섭씨'라고 불렀어. 우리나라는 셀시우스가 만든 온도의 개념을 중국을 통해 들여왔어.
그래서 셀시우스가 만든 온도 단위를 섭씨라고 부르게 되었단다.

셀시우스는 1742년, 물의 어는점을 0℃,
끓는점을 100℃로 정하고 그 사이를 100등분했어.
이 온도 단위를 섭씨라고 해.
섭씨는 현재 국제 표준 온도로, 전세계에서 널리 쓰이고 있어.

미국과 캐나다에서는 화씨(℉)라는 온도 단위도 많이 써.
화씨는 물의 어는점을 32℉, 끓는점을 212℉로 정하고,
그 사이를 180등분하여 눈금을 표시했어.
1724년 독일의 물리학자 파렌하이트가 처음 만들었는데,
중국에서 파렌하이트를 화륜해(華倫海)라고 부른 탓에
화씨가 되었어.

 지구

009 땅을 계속 파면 지구 반대편이 나올까?

지구본에서 우리나라의 반대편에 어떤 나라가 있는지 찾아본 적이 있니?
아마 남아메리카 대륙의 브라질이나 우루과이쯤일거야.
지구는 둥그니까 우리나라에서 땅을 계속 파고 또 파면, 지구 반대편에 있는 나라로 갈 수 있을까?

아무리 좋은 굴삭기로 땅을 파도 지구 반대편까지는 갈 수 없어. 지구가 너무 크기 때문이야.
지름이 12,700km나 되는 지구를 뚫을 만한 기계를 아직은 만들지 못해.
혹시 그렇게 큰 굴삭기가 있다고 해도 지구의 깊은 땅속은 아주 뜨거워서 흐물흐물 녹아버릴 거야.

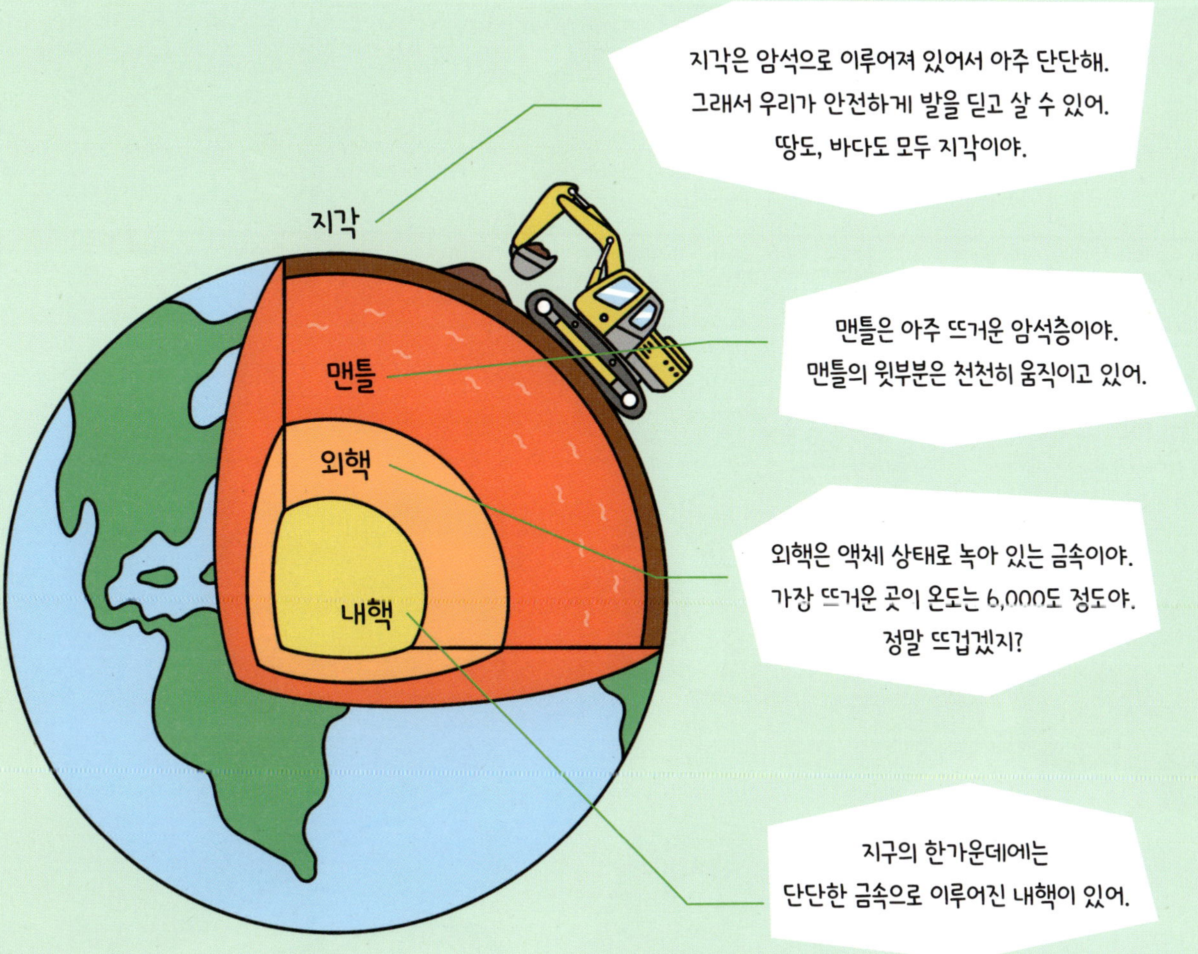

지각은 암석으로 이루어져 있어서 아주 단단해.
그래서 우리가 안전하게 발을 딛고 살 수 있어.
땅도, 바다도 모두 지각이야.

맨틀은 아주 뜨거운 암석층이야.
맨틀의 윗부분은 천천히 움직이고 있어.

외핵은 액체 상태로 녹아 있는 금속이야.
가장 뜨거운 곳의 온도는 6,000도 정도야.
정말 뜨겁겠지?

지구의 한가운데에는
단단한 금속으로 이루어진 내핵이 있어.

010 바다의 깊이는 어떻게 잴까?

지구에서 가장 깊은 바다는 태평양에 있는 마리아나 해구야. 바다의 평균 깊이는 3,800m인데 마리아나 해구의 비티아즈 해연은 깊이가 11,034m, 챌린저 해연은 10,928m야. 이렇게 깊은 바다는 어떻게 깊이를 잴 수 있을까?

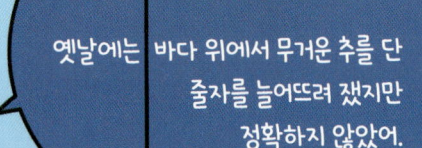

옛날에는 바다 위에서 무거운 추를 단 줄자를 늘어뜨려 쟀지만 정확하지 않았어.

깊은 바다는 배에서 음파를 쏘아 깊이를 재. 수직으로 쏜 음파가 바다 밑바닥에서 반사되어 돌아오는 시간을 계산하는 거야.

소리는 바다 속에서 1초에 1,500m를 갈 수 있어. 바다에서 쏜 음파가 12초 후에 돌아온다면 바닥까지 걸리는 시간은 6초니까, 1,500m×6=9,000m라고 계산했어.

최근 미국의 탐험가가 잠수함을 타고 챌린저 해연을 탐험하여 새로운 바다생물 4종을 발견했어. 그리고 비닐봉지와 사탕 껍질도… 태평양의 깊은 바닷속도 환경 오염을 피할 수 없었나봐.

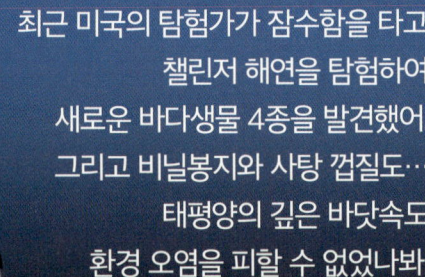

깊은 바다는 잠수함으로 탐험하기도 어려워. 바다 아래로 내려갈수록 압력이 어마어마하게 커지거든.

011 선인장은 물이 부족한 사막에서 어떻게 살까?

미국과 멕시코의 사막에 사는 사와로 선인장은 키가 10m나 돼.
사막은 물이 부족할텐데, 선인장은 무얼 먹고 그렇게 크게 자랐을까?

사와로 선인장이 사막에서도 크게 자랄 수 있는 비결은 통통한 몸통 줄기야.
비가 한 번 내리면 주름이 팽팽해지도록 몸통 줄기에 물을 잔뜩 모아두었다가 필요할 때마다 꺼내 쓴단다.
땅속 깊이 들어가지 않고 넓게, 아주 멀리까지 퍼지는 뿌리도 한 몫을 해.
멀리 있는 물 한 방울까지도 쏙쏙 빨아들이거든.

사와로 선인장의 몸통은 크고 통통해서 우리가 집을 짓고 살 수 있어!

선인장의 뾰족한 가시는
행여 물이 증발할까봐
잎이 가시로 바뀐 거야.
날카로운 가시는
목마른 동물들의 공격에서
선인장을 지켜주는
방패 역할도
맡고 있지.

내 꽃과 열매는
사막 동물의
좋은 먹이가 된단다.

사와로 선인장은
아주 천천히 자라.
5년을 자라도
3cm 밖에 안 돼.
150살까지 느릿느릿
10m 넘게 자란대.

23

 지구

012 왜 종이 비행기는 땅으로 떨어질까?

지구에서 하늘 높이 공을 던지면 언젠가는 땅에 떨어져.
국가대표 종이비행기 선수가 아주 힘껏 멀리 날린 종이비행기도 결국 땅에 떨어지지.
아무리 높이, 근사하게 날아가도 언젠가는 땅에 떨어진단다. 왜 그럴까?

지구가 강력한 힘으로
공과 종이비행기를 끌어당기기 때문이야.
이렇게 무언가를 끌어당기는 힘이
바로 중력이야.
지구는 물과 흙, 대기,
그리고 우리 모두를
끌어당기고 있지.
덕분에 우리는 지구 밖으로 날아가지 않고
잘 살고 있는 거야.

나도 지구를
끌어당기고 있어.

지구에만 중력이 있는 건 아니야.
사람도 중력으로 지구를 끌어당기고 있지.
지구가 끌려오는 걸 느낀 적이 없다고?
지구의 중력이 너무 크기 때문이야.
질량이 클수록 중력도 커지거든.

질량이 있는 모든 물체는 서로를 끌어당겨! 질량이 클수록, 거리가 가까울수록 당기는 힘이 더 커진단다.

만유인력 법칙을 발견한
아이작 뉴턴

내가 다 끌어당기고 있어!

태양, 달, 목성 등 질량이 있는 천체들도 다 중력을 가지고 있어. 질량이 지구의 33만 배나 되는 태양은 엄청난 힘으로 지구를 끌어당겨. 그런데 왜 태양에 끌려가지 않냐고? 지구가 태양에서 아주 멀리 떨어져 있기 때문이야. 거리가 너무 멀어지면 중력이 약해지거든.

013 바닷가에는 왜 바람이 많이 불까?

여름에는 더위를 피하려고 많은 사람들이 바다를 찾아.
바닷가에 가면 유난히 바람이 더 시원하게 느껴지기 때문이야.
왜 도시보다 바닷가에 시원한 바람이 많이 불까?

바람은 공기가 움직이는 현상이야. 공기는 온도의 변화에 따라 움직여.
따뜻한 공기는 가벼워서 위로 올라가고, 그 빈자리를 찬 공기가 내려와 채워.
뜨거워서 위로 올라갔던 공기가 식으면서 무거워지면 또다시 아래로 내려오고,
땅에서 데워진 공기는 다시 위로 올라가고…
공기는 이렇게 빙글빙글 돌고 있어.

따뜻한 지면의 공기가 위로 올라가.

따뜻한 공기가 올라간 자리로 내가 들어간다!

여름에는 땅이 금방 뜨거워져!

여름에 태양열을 받으면 바다보다 육지가 더 빨리 뜨거워져.
뜨거워진 육지의 공기가 위로 올라가면 바다 쪽에 있던 찬 공기가 육지로 빠르게 흘러들어와.
그때 우리는 말하지. "바닷바람이 참 시원하구나!"
겨울에는 반대로 육지보다 바다의 온도가 더 높아. 그래서 육지에서 바다 쪽으로 바람이 불어.

014 막대자석을 반으로 자르면 어떻게 될까?

막대 자석에 철로 만든 클립을 붙여본 적이 있니?
N극과 S극이 있는 양쪽 끝에는 클립이 여러 개 주렁주렁 붙어.
그럼 막대자석의 한가운데에도 클립이 많이 붙을까?

막대자석의 한가운데에는 클립이 잘 붙지 않아.
마치 자석이 아닌 것처럼 말이야.
막대자석의 양 끝은 자석의 힘이 강하지만,
한가운데는 약하기 때문이야.

양 끝에만 철가루가 많이 붙어!

막대자석의 한가운데를 반으로 잘라, 가운데 부분이 끝부분이 되면 어떻게 될까? 잘린 부분에 자석의 성질이 생기면서, N극과 S극도 다시 생긴단다.

반으로 자른 막대자석을 자르고, 또 자르면 양쪽 끝이 N극과 S극인 작은 자석이 계속 생겨. 막대 자석을 계속해서 쪼개면 아주 작은 자석 원자로 쪼개져. 자석 원자도 N극과 S극이 있는 자석의 성질을 띠고 있어.

27

015 지구에는 생물이 몇 가지나 있을까?

우리 주변의 생물을 한번 찾아 봐. 강아지, 고양이, 소나무, 사과나무, 뱀, 개구리, 개미…
잠깐, 눈에 잘 안보이는 작은 생물도 잊지 마.
우리 몸 속에 사는 세균, 음습한 곳에 피어나는 곰팡이, 요거트 속 유산균, 동물 몸 속 기생충도.
지구에 사는 생물을 다 합치면 몇 가지나 될까?

지구에는 알려진 것만 해도 약 150만 종의 생물이 살아.
그런데 우리는 아직 전체 생물종의 10~20%밖에 모른대.
과학자들은 지구에 약 1,000만~2,000만 종의 생물이 살고 있을 거라고 예상해.
그 말을 증명이라도 하듯 최근에는 새로운 생물들이 계속 발견되고 있어.

새로운 생물에는 이름을 지어 붙여. 우리가 알고 있는 생물들의 이름도 예전에 사람들이 붙였어.
생물의 이름은 두 종류야. 하나는 호랑이, 사람 등 우리가 평소 부르는 이름이야.
지역마다, 언어마다 다르지. 다른 하나는 라틴어로 만든 학명인데,
세계 공통으로 쓰이기 때문에 세계 어디서나 헷갈리지 않고 알아볼 수 있어.
학명은 우리에게 낯선 라틴어라 읽기가 좀 어려워.

016 불을 피우려면 무엇이 필요할까?

캠핑의 꽃은 바비큐! 장작이나 숯에 불을 붙여 고기랑 소시지랑 버섯이랑 마시멜로를 구워 먹으면, 세상 부러울 게 없지 뭐야. 음식을 구울 불만 잘 붙는다면 말이지.
불을 잘 피우려면 세 가지 조건이 필요해. 그게 뭘까?

불을 피울 수 있는 세 가지 조건은 탈 수 있는 물질, 그 물질이 탈 수 있을 만큼 높은 열, 산소야.
세 가지 중 하나만 부족해도 불은 잘 붙지 않아.
어렵게 불을 붙인다 해도 잘 타지 않지.

그렇다면 안전하게 불을 끄려면 어떻게 해야 할까?
불에 타는 세 가지 조건 중 하나라도 없애면 돼.
탈 수 있는 물질이나 높은 열, 산소 중 한 가지만 없애도 불은 금세 꺼져.

017 식물은 광합성으로 무엇을 만들까?

우리는 채소도 먹고, 과일도 먹고, 고기도 먹는데, 식물들은 물만 먹고도 잘 사는 것 같지?
사실은 식물도 물만 먹고는 못 산대. 식물에게는 뭐가 더 필요할까?

식물은 햇빛도 듬뿍 받아야 살 수 있어.
식물은 물과 이산화탄소, 햇빛을 이용해 광합성을 하거든.
광합성을 통해 스스로 영양분을 만들기 때문에
식물은 물만 먹고도 잘 사는 것처럼 보여.

엽록체 속
엽록소가 초록색이라
내가 초록색으로
보이는 거야!

잎의 뒷면에 있는 기공으로는
이산화탄소를 흡수하지.

잎에 있는 엽록체에서
빛을 흡수해.

뿌리부터 이어진 물관으로 잎까지 물을 끌어올릴 수 있어.
끌어올린 물로 포도당과 산소를 만든단다.

광합성은 식물의 잎에 많은 엽록체에서 일어나.
식물은 광합성으로 만든 포도당으로
잎과 줄기, 뿌리를 키우고,
남은 것은 녹말로 바꿔서
뿌리, 줄기, 열매, 씨앗 등에 저장해 둬.
그게 바로 우리가 맛있게 먹는 과일,
감자, 고구마, 땅콩 등이야.

018 공과 색종이를 동시에 떨어뜨리면 뭐가 먼저 떨어질까?

공과 색종이를 동시에 떨어뜨려본 적이 있니? 눈을 감고 한번 상상해 보자.
한 손에는 야구공, 다른 손에는 색종이를 한 장 들고 있는 거야.
자리에서 일어나 공과 색종이를 머리 위로 높이 들었다가 동시에 놓으면 뭐가 먼저 땅에 닿을까?

공이 펼친 색종이보다 훨씬 빨리 떨어져.
이번에는 색종이를 공처럼 구겨서 공과 함께 떨어뜨려 봐.
공처럼 구긴 색종이와 공은 거의 비슷하게 떨어져.

두 물체를 높은 곳에서 동시에 떨어뜨리면, 거의 똑같은 속도로 떨어져. 공과 구겨진 색종이처럼 말이야. 그런데 넓게 펼쳐진 색종이는 왜 천천히 떨어졌냐고? 넓은 색종이는 떨어지는 동안 공기의 방해를 받았기 때문이야. 공기가 없는 곳에서 실험을 하면, 공과 펼쳐진 색종이와 구겨진 색종이는 모두 동시에 떨어진단다.

019 내 몸무게는 달에서 재도 똑같을까?

지구에서 몸무게가 40kg인 사람이 달에서 몸무게를 재면 겨우 6.6kg야.
몸이 너무 가벼워져서 폴짝폴짝 캥거루처럼 뛰어다닐지도 몰라.
이 사람이 목성에 가면 몸무게 엄청나게 늘어나. 100kg가 넘지.
몸무게는 왜 지구와 달, 목성에서 잴 때마다 다를까?

무게는 중력이 끌어당기는 힘의 크기를 나타내.
중력이 달라지면 당연히 끌어당기는 힘의 크기도 달라지지.
달의 중력은 지구 중력의 1/6밖에 안 되기 때문에 끌어당기는 힘도 더 작아.
목성의 중력은 지구보다 2.5배 더 커. 끌어당기는 힘도 크지.
그래서 달에서 몸무게를 재면 지구보다 적게 나가고, 목성에서 재면 지구보다 많이 나가.

나는 달에서 제일 가벼워!

하지만 목성에서는 몸이 너무 무거워…

지구   달   목성

지구, 달, 목성, 어디에서 재든 똑같은 것도 있어. 바로 질량이야.
질량은 물체의 모양과 상태가 달라져도 변하지 않는, 물체가 가진 고유한 양이거든.
우주 어디서든, 그곳의 중력이 강하든 약하든 물체의 질량은 변하지 않아.

질량은 kg으로 표기해. 무게도 그렇다고?
우리가 일상생활에서는 무게를 kg으로 쓰고 있지만 정확한 표기는 kg중(kgf)이야.
무게는 중력이 끌어당기는 크기라서 중이 붙는다고 기억하면 어떨까?

020 사람은 평생 얼마나 먹을까?

우리가 하루에 먹는 음식의 양이 얼마나 되는지 생각해 볼까?
식사 세 번, 간식 한 번, 우유, 물, 과일 그리고 엄마 몰래 먹는 맛있는 과자…
우리가 하루 동안 먹는 음식도 이렇게 많은데, 평생 먹는 양은 얼마나 많을까?

한 끼에 먹는 밥 한 공기를 100g이라고 하면, 하루에 먹는 양은 300g,
이것을 80년 동안 먹는다면 8,760kg이야. 정말 많지?
우리는 평생 1톤짜리 트럭 9대를 거의 다 채울 만큼 많은 밥을 먹는 거야.
이렇게 평생 먹는 음식을 모두 모으면 50톤 정도 된대.

먹은 음식의 60%는 똥으로 나오니까 우리가 평생 누는 똥은 약 30톤이야.
먹은 물은 거의 다 땀과 오줌으로 나와서 약 50,000L의 땀과 오줌을 배출한단다.

021 태양이 없다면 지구는 어떻게 될까?

우리가 살고 있는 지구는 태양계에 속해 있지만, 주인공이라고 말하기는 어려워.
태양계의 주인공은 이름에서도 알 수 있듯이 태양 아닐까?
태양은 태양계 전체 질량의 99.85%를 차지하는 절대적인 존재야. 태양이 사라진다면 어떻게 될까?

태양이 없다면 지구는 깜깜하고 황량한 죽은 행성이 될 거야.
인간은커녕 곤충도, 식물도, 미생물도 살지 못할 테니까.
지구의 모든 생명체는 생명 활동에 필요한 에너지를 태양에서 얻기 때문이야.
인간이 쓰는 석유, 석탄, 원자력 같은 에너지들도 다 태양에서 왔어.
수백만 년 전에 태양에너지로 살던 식물과 동물이 죽어 땅에 묻힌 뒤 오랜 시간이 지나
석탄과 석유, 방사능을 내뿜는 돌인 우라늄 등으로 변했거든.

걱정 마!
앞으로도 30~40억년 쯤은
내가 지구를 지켜줄게.

태양이 없으면
지구는 죽은 행성이
될지도 몰라.

바람을 이용한 풍력 발전도
태양 덕분이야.
태양빛이 공기를 데워서
바람을 일으키니까.

022 크릴은 어떻게 지구를 지킬까?

크릴은 바다에 사는 아주 작은 동물이야. 덩치는 작지만 바다를 지키는 슈퍼 동물이지.
펭귄, 물개, 물고기, 고래까지 바다에 사는 동물들을 먹여 살리고 있어.
크릴은 지구를 지키는 또다른 중요한 일도 하고 있는데, 어떤 일일까?

크릴은 떼를 지어 이동하는데, 특히 계절에 따라 바다의 위 아래로 움직여.
크릴 떼가 마치 거대한 숟가락처럼 바닷물을 저어주는 거야.
이때 바다 깊은 곳에 이산화탄소를 저장해서 지구 온난화를 막는 데 한몫을 해.

여름에는 바다 위쪽에 크릴이 많아!

크릴은 왜 계절에 따라 바다의 위아래로 이동할까? 크릴의 먹이인 식물성 플랑크톤이 여름에는 물 위로 떠오르고, 겨울에는 죽어서 바다 밑에 가라앉기 때문이야.

최근 크릴의 숫자가 엄청나게 줄었어. 펭귄과 고래가 먹어야 할 크릴을 사람들이 마구잡이로 잡아들이거든. 지구를 위해서, 인류를 위해서 크릴은 동물들에게 양보해야겠지?

겨울에는 우리를 바다 아래에서 만날 수 있어!

023 지구의 생물들은 처음부터 다양했을까?

옛날 사람들은 신이 모든 생물을 하나하나 만들어냈다고 생각했어.
"지구에는 정말 다양한 생물들이 있는데, 누군가 하나하나 만드는 게 가능할까?"
이런 의문을 품은 과학자들은 진화론이라는 이론을 세웠어.
생물들이 처음부터 다양했던 것이 아니라 환경에 적응하기 위해 다양하게 변했다는 주장이야.
어떻게 이런 주장이 나왔을까?

> 원래 하나의 종이었던 핀치새는
> 먹이에 따라 부리의 모양이 변한 걸까?
> 그런 특징이 자손에게 전해져
> 결국 핀치새의 모습이 달라진 거야.

찰스 다윈

찰스 다윈은 진화론을 주장한 대표 과학자야.
다윈은 남아메리카의 외딴섬인 갈라파고스 군도에서
핀치새를 보고 진화론의 아이디어를 떠올렸어.
1859년, 다윈은 그동안의 연구성과를 모아 <종의 기원>이라는 책을 펴냈어.
당시 사람들의 생각을 발칵 뒤집은 근사한 책이야.

다윈의 생각이 옳았어.
2015년 스웨덴 과학자들은
다윈이 살던 시절에는 없었던
유전자 해독 기술로
핀치새의 비밀을
밝혀냈어.
각각 다른 핀치새는
한 조상에서 갈라져 나왔다는
사실을 말이야.

나뭇잎 벌레 선인장 씨앗

024 버섯은 식물일까?

식물은 광합성을 통해서 스스로 양분을 만들어. 옮겨 다니지 않고 한자리에서 자라지.
그런데 식물 같으면서도 식물이 아닌 생물도 있어. 식물인지 아닌지는 어떻게 알 수 있을까?

버섯은 식물처럼 생겼지만, 식물이 아니야.
버섯은 균류야. 곰팡이와 같은 종류지.
식물의 필수 조건은 광합성으로 필요한 양분을 얻는 건데,
버섯은 광합성을 못하고, 뿌리와 줄기, 잎도 없어.
씨앗 대신 아주 작은 홀씨를 퍼트려서 번식을 한단다.

지의류는 이끼와 닮았어.
광합성도 하고, 흙에서 물과 양분도 빨아들여.
하지만 지의류는 이끼와 달리 식물이 아니야.
균류와 조류가 붙어 서로 돕고 사는 생물이야.
균류는 흙에서 물과 양분을 빨아들이고
조류는 광합성을 담당해.

바다에 사는 미역은 식물일까?
미역은 식물이 아닌 조류야.
조류는 5억 5천만 년 전 쯤
바다에서 처음 생겼고, 홀씨로 번식해.
광합성을 하지만 식물은 아니야.

025 피는 왜 빨간색일까?

신나게 달리기를 하다가 넘어져서 피가 난 적이 있니? 코피가 나본 적은?
새빨간 피를 보면 우리는 깜짝 놀라기도 하고, 괜히 무서울 때도 있지.
그런데 피가 빨간색이 아닌 동물도 있다는 걸 알고 있니?

사람의 피는 혈장과 혈구로 이루어져 있어.
혈장은 영양소와 호르몬, 노폐물 등이 녹아 있는 노란 액체야.
혈구에는 적혈구, 백혈구, 혈소판이 있는데, 피를 빨간색으로 보이게 하는 것은 적혈구야.
적혈구 속에 든 헤모글로빈에 붉은빛을 띠는 철 성분이 많이 들었거든.

사람을 포함한 포유류, 파충류, 조류의 피는 다 빨간색이야.
하지만 모든 동물이 다 빨간 피를 가진 건 아니야. 파란색, 초록색, 보라색 피를 가진 동물도 있어.

 사람

026 내 혈액형은 어떻게 정해졌을까?

우리 부모님은 두 분 다 혈액형이 A형이야. 그런데 나는 O형! 이상하다고?
A형 부모님 밑에서도 얼마든지 O형인 자식이 태어날 수 있어. 어떻게 그럴 수 있는 걸까?

우리가 흔히 아는 A, B, AB, O형은 겉으로 드러나는 혈액형의 특징을 표현한 표현형이야.
하지만 유전 정보를 따지려면 표현형이 아닌 유전자형을 알아야 해.
똑같은 A형이라도 유전자형은 AA, AO 두 가지로 나타나.
우리 엄마와 아빠는 A형 중에서도 AO 유전자형이야.

> 혈액형 검사로 유전자형까지 알아낼 수 있어. 자녀의 혈액형은 유전자형이 결정해.

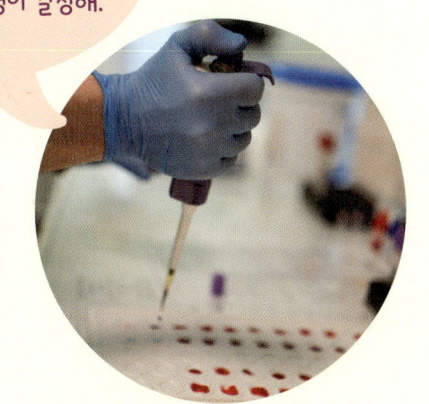

부모님이 모두 A형이라도 유전자형이 모두 AO형이면 O형 아기가 태어날 수 있어. 하지만 둘 중 한 사람이라도 AA형이라면 O형은 태어날 수 없겠지. 그렇다면 엄마 아빠의 혈액형이 O형과 AB형이라면 어떤 혈액형을 가진 자녀들이 태어날까? 맞아, A형이나 B형인 자녀가 태어날 거야.

혈액형

표현형	유전자형
A	AA, AO
B	BB, BO
AB	AB
O	OO

> AB형과 O형은 표현형과 유전자형이 같아.

혈액형은 적혈구 표면에 붙은 항원이라는 단백질로 결정돼. 적혈구에 A항원이 있으면 A형, B항원이 있으면 B형, A항원과 B항원이 모두 있으면 AB형이고, 항원이 없으면 O형이야.

027 자석은 왜 철을 끌어당길까?

여행이 끝나고 기념품으로 산 예쁜 자석을 냉장고에 붙여본 적이 있을 거야.
냉장고를 열 때마다 자석을 보면 기분이 좋아져. 그런데 그 자석을 내 방 벽에 붙일 수는 없을까?
자석은 어떤 곳에 붙고, 어떤 곳에 붙지 않는 걸까?

이 그림들 중 자석에 찰싹 붙는 물건을 골라볼 수 있겠니?

정답은 못과 클립이야!

철은 왜 자석에 붙을까? 철과 같이 자석에 붙는 물체 안에는 자석의 성질을 가진 원자들이 있는데, 평소에는 원자들이 아무렇게나 막 흩어져 있다가 자석을 가까이 대면! 갑자기 원자들이 한 방향으로 나란히 줄을 서면서 자석의 성질이 나타나는 거야.

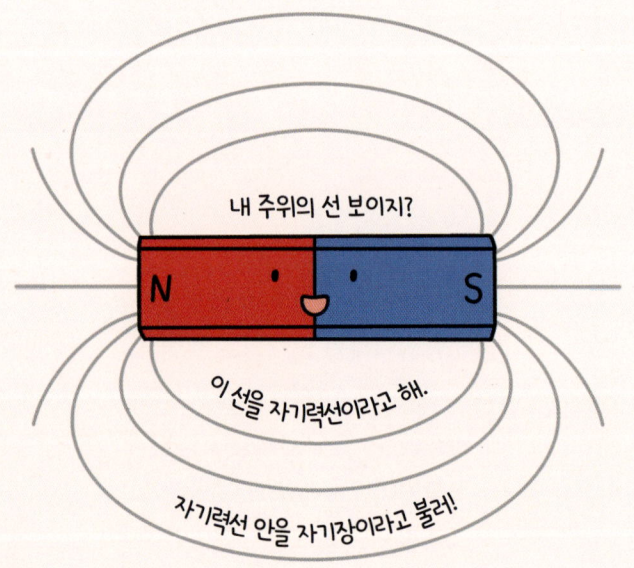

내 주위의 선 보이지?

이 선을 자기력선이라고 해.

자기력선 안을 자기장이라고 불러!

자석이 다른 자석이나 철을 끌어당기는 힘을 자기력이라고 해. 자석의 자기력이 미치는 공간은 자기장이야. 자석은 자기장 안에 철로 된 물건이 들어오면 철컥 끌어당겨서 붙여.

자기장은 힘이 세서 자석과 클립 사이를 얇은 종이로 가리거나 유리로 막아도 클립은 자석에 붙어. 물속에 넣어도 붙어. 클립을 자석에 붙이지 않으려면 자기장이 미치지 않는 먼 곳에 두어야 해.

028 사람과 강아지가 보는 세상은 같을까?

강아지를 키우면 이름을 빨강이로 짓고, 빨강 옷을 사주려고 했어. 초록이도 좋겠어. 크리스마스트리처럼 빨강 초록이 어우러진 옷도 예쁠 것 같아. 그런데 강아지의 생각은 다르대. 강아지는 색깔을 잘 구별하지 못 하거든. 강아지의 눈에 보이는 세상은 어떨까?

강아지는 빨강과 초록은 잘 알아보지 못 한대. 파란색, 갈색, 보라색, 노란색이 흐릿하게 보이는 정도야. 강아지에게는 빨강이 어두운 색깔로 보이고, 초록은 밝게 보여. 다른 동물들도 세상을 강아지처럼 볼까?

뱀은 적외선으로 세상을 봐.
눈으로 온도를 감지하여 먹이를 사냥하지.
개구리는 다양한 색깔을 볼 수 없지만
날아가는 작은 파리를 금세 보고 날름 잡아먹어.
꿀벌은 예쁘고 화려한 꽃잎은 보지 않고
꿀이 있는 부분만 진하게 알아봐.
이렇게 보는 눈이 다 다른 건,
동물들이 살아남기 좋은 방법으로
환경을 보도록 진화했기 때문이야.

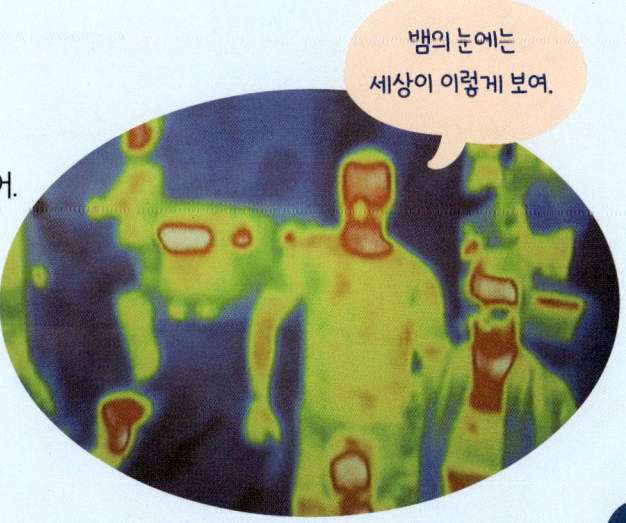

 화학

029 플라스틱은 무엇으로 만들까?

어떤 모양이든 내 마음대로 만들 수 있는 재료가 있을까?
단단하게, 무르게, 탄력 있게, 부드럽게, 얇게, 가늘지만 질기게, 전기가 잘 통하게…
그렇게 원하는 대로 다 만들 수 있는 물질이 있을까? 차라리 마법을 부리라고?
그 마법같은 재료는 벌써 과학으로 만들어냈어. 무엇일까?

바로 플라스틱이야. 플라스틱은 우리말로 합성수지라고 해.
자연에서 저절로 생긴 천연 물질이 아니라 화학적으로 합성해서 만들어낸 물질이라는 뜻이야.
최초의 플라스틱은 우유와 나무 등에서 뽑아낸 성분으로 만들었어.
요즘은 석유에 섞인 불순물을 걸러 낼 때 나오는 찌꺼기로 만들어.

플라스틱의 종류는 비닐, 합성섬유, 인조가죽, 우레탄, 아크릴, 폴리에틸렌 등 아주 다양해.
다양한 플라스틱은 편리한 생활용품뿐 아니라 인공 피부, 인공 연골 등 사람의 몸을 대신할 물건,
컴퓨터의 중요한 부품인 반도체, 자동차 엔진, 태양전지 등
첨단 기술 제품을 만드는 데도 쓰이고 있어.

 화학

030 사람들은 왜 편리한 플라스틱을 최악의 발명품이라고 할까?

아무리 단단하고 큰 바위라도 오랜 시간이 지나면 부스러지고 닳아서 자연으로 돌아가.
질긴 동물의 가죽과 단단한 뼈도 미생물들이 분해하여 자연으로 돌려보내지.
자연에서 태어난 지구의 모든 것들은 다시 자연으로 돌아가.
그런데 오랜 시간이 지나도 썩지 않는 게 있대. 무엇일까?

플라스틱은 썩어서 없어지지 않고, 그대로 남아 환경을 파괴해.
북극과 남극의 눈 속, 에베레스트 꼭대기부터 깊은 바닷속까지 플라스틱으로 오염되어 있어.
태평양에는 거대한 플라스틱 섬도 떠다니고 있어. 바다에 버려진 플라스틱 쓰레기 때문이야.
그래서 플라스틱은 최악의 발명품이라는 비난을 받고 있어.

요즘은 5mm도 안 되는 작은 미세플라스틱 때문에 피해가 점점 심각해지고 있어.
화장품이나 치약 등에 넣기 위해 처음부터 작게 만들기도 하고,
햇볕이나 자외선을 받아 플라스틱이 잘게 부서져서 생기기도 해.

우리가 살고 있는 바다가 플라스틱과 쓰레기 때문에 너무 더러워 졌어. 바다에 사는 동물들이 플라스틱을 먹고 죽는 일도 자주 일어나.

031 세균과 바이러스는 서로 다를까?

세균과 바이러스는 둘 다 미생물이야. 너무 작아서 그냥 우리 눈으로는 못 봐.
그리고 둘 다 우리 몸에 들어오면 병을 일으키기도 하지.
이만하면 세균과 바이러스가 같은 게 아니냐고? 사실, 둘은 매우 달라. 뭐가 다를까?

세균은 생물이야. 달랑 세포 하나지만 혼자서 충분히 살아갈 수 있어.
가끔 우리 몸 안에서 어마어마마하게 빠른 속도로 번식을 하기도 해.
살모넬라균이 우리 몸에 들어와 이런 일을 벌이면 구토와 설사가 나서 병원으로 달려가야 해.
그렇지만 우리 몸에 질병을 일으키는 세균은 전체의 1% 정도야.
우리 몸에는 세균이 많이 사는데, 대부분은 소화와 면역을 도와주는 좋은 세균들이야.

바이러스는 생물이 아니야. 그렇다고 무생물도 아닌, 특이한 별종이야.
바이러스는 혼자서는 살지 못해. 혼자 있을 때는 무생물인 먼지처럼 아무 것도 아니야.
하지만 다른 생명체의 세포속에 들어가면 갑자기 폭발적인 힘을 발휘해.
자신과 똑같은 바이러스를 엄청나게 많이 복제해서 그 세포를 파괴하고 밖으로 터져 나와.
감기 바이러스가 우리 몸에서 이런 일을 벌이면, 기침과 콧물이 터져 나와.

 사람

032 음식을 완전히 소화하려면 얼마나 걸릴까?

우리가 먹은 음식물이 소화기관을 따라 움직이면서 잘게 부서지고
영양소가 흡수되는 과정을 소화라고 해. 소화는 음식이 입에 막 들어온 바로 그 순간부터 시작돼.
혀는 음식물을 이리저리 옮기고, 이는 잘게 자르고, 침은 촉촉하게 적셔주지.
꿀꺽 삼킨 음식은 우리 몸속에 얼마나 오래 머물까?

위는 3~4시간 동안 꿈틀꿈틀 움직이며 음식물을 죽처럼 걸쭉하게 만들어 소화 시켜. 위는 소화만 시킬 뿐 영양소를 흡수하지 않고, 모두 작은창자로 넘겨줘.

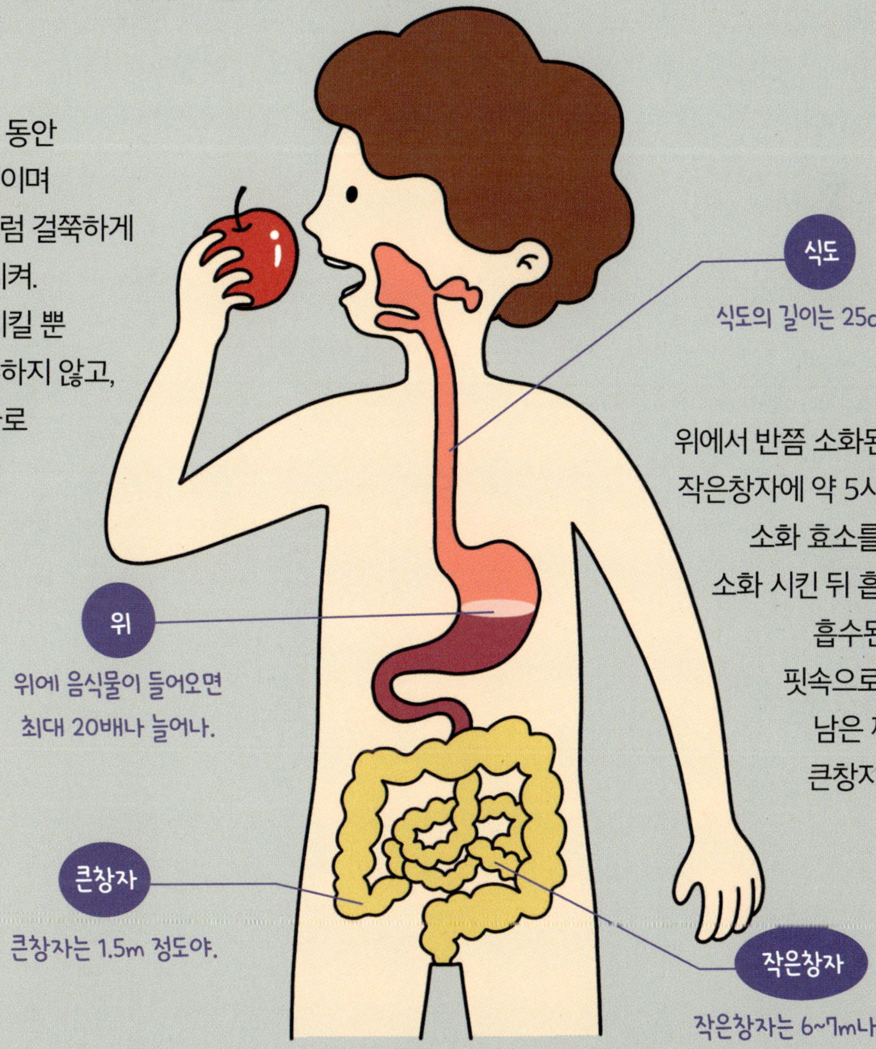

식도
식도의 길이는 25cm야.

위
위에 음식물이 들어오면 최대 20배나 늘어나.

위에서 반쯤 소화된 음식물은 작은창자에 약 5시간 머물러. 소화 효소를 뿌려서 더 소화 시킨 뒤 흡수를 하지. 흡수된 영양소는 핏속으로 들어가고, 남은 찌꺼기들은 큰창자로 넘어가.

큰창자
큰창자는 1.5m 정도야.

작은창자
작은창자는 6~7m나 돼.

큰창자는 약 12~28시간 동안 찌꺼기들에서 물과 무기질을 흡수하고,
그러고도 남은 찌꺼기들을 대변으로 만들어 내보낸단다.
이렇게 걸리는 시간은 음식물의 종류에 따라 약 20~44시간이야.

033 쌍둥이에게도 다른 점이 있을까?

어릴 때는 쌍둥이 친구가 부러웠어. 눈·코·입은 물론이고, 머리카락, 키와 목소리까지 똑같은 내 분신이 있으면 특별한 기분이 들 것 같았거든.
쌍둥이는 두 사람인데도 어쩌면 그렇게 똑같을까? 혹시 서로 다른 점은 없을까?

성별부터 얼굴 생김새까지 다 똑같은 쌍둥이는 일란성쌍둥이야.
쌍둥이가 아닌 사람은 난자와 정자가 만나 만들어진 수정란이 그대로 자라서 한 사람이 되지만,
일란성쌍둥이는 1개의 수정란이 2개로 나뉘어 두 사람으로 자라.
수정란 하나가 둘로 분열되었기 때문에 일란성쌍둥이의 유전자는 100% 똑같아.

유전자까지 똑같은 일란성쌍둥이도 지문은 서로 달라.
수정란이 둘로 갈라진 다음에 지문이 만들어지기 때문이야.
지문은 엄마 뱃속에 있을 때 피부에 주름이 생겨서 만들어지는데,
같은 엄마 뱃속이라도 받는 힘이 달라서 주름 모양이 달라진대.

이란성쌍둥이는 보통 형제들처럼 성별이나 외모가 달라.
유전자도 형제처럼 50%만 같기 때문에 닮는 정도도 보통 형제 자매와 비슷해.
이란성쌍둥이는 각각의 수정란이 따로 자랐기 때문이야.

034 벌레잡이 식물은 어떻게 벌레를 잡을까?

식물이라고 조용히 서서 비가 오기만 기다리는 건 아니야.
벌레잡이 식물은 필요한 영양분을 구하기 위해 직접 사냥에 나서지.
자리에서 움직일 수도 없는 벌레잡이 식물은 왜 벌레를 잡아먹기 시작했을까?

벌레잡이 식물이 살던 습지에는 식물에게 꼭 필요한 무기질이 부족했어.
하는 수 없이 벌레잡이 식물은 벌레를 사냥해 무기질을 흡수했지.
벌레 대신 동물의 똥을 먹는 벌레잡이 식물도 있어.
벌레잡이 식물은 벌레를 안 먹어도 죽지는 않아.
특히 집에서 키울 때 쓰는 흙에는 영양분이 충분하기 때문에 벌레나 똥을 일부러 넣어주지 않아도 괜찮아.

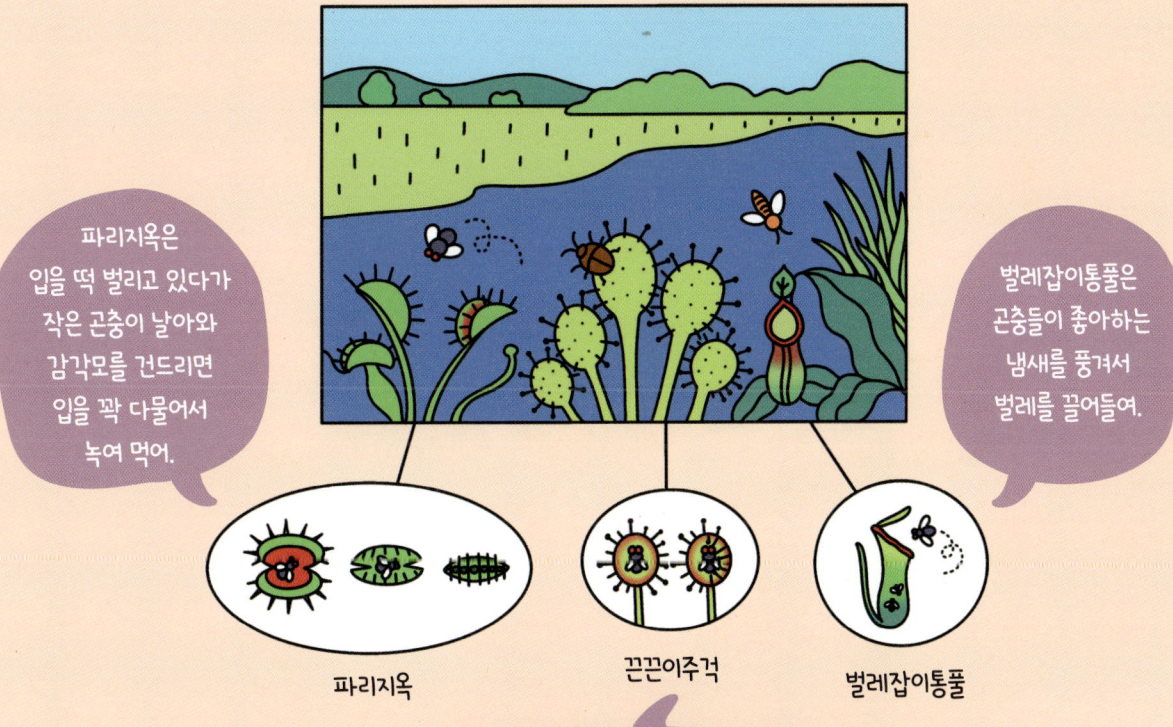

파리지옥은 입을 떡 벌리고 있다가 작은 곤충이 날아와 감각모를 건드리면 입을 꽉 다물어서 녹여 먹어.

벌레잡이통풀은 곤충들이 좋아하는 냄새를 풍겨서 벌레를 끌어들여.

끈끈이주걱은 꿀 방울을 닮은 끈적한 액체로 곤충을 속여서 녹여 먹어.

파리지옥   끈끈이주걱   벌레잡이통풀

035 얼마나 우주 멀리 나가야 지구가 한눈에 보일까?

지구는 공처럼 둥글어. 먼 우주에서 보면 지구가 푸른 유리구슬처럼 예쁘게 보인대.
하지만 지구에 딱 붙어사는 우리는 둥그런 지구를 한눈에 볼 수 없어.
비행기를 타고 높이 올라가도 땅과 바다는 보이지만 지구가 통째로 보이진 않아.
얼마나 우주 멀리 나가야 지구 전체를 한눈에 볼 수 있을까?

나는 달이야!

10,000km

380,000km

400km

여기까지는 와야
지구가 동그랗게 보여.

이렇게 멀리 떨어진 국제우주정거장에서도
지구가 동그랗게 보이지는 않아.

지금까지 지구 전체를 눈으로 직접 본 지구인은
아폴로 우주선을 타고 달에 다녀온 27명뿐이야.
지구에서 아주 멀리 떨어진 머나먼 우주에서
고향별 지구를 찍는 기분은 어땠을까?

51

 지구

036 지구는 얼마나 빨리 움직일까?

가끔 너무 피곤해서 제자리에 딱 붙어버리고 싶은 날이 있지 않니?
아무 데도 가고 싶지 않고, 조금도 움직이고 싶지 않은 날.
우리가 아무것도 하지 않는 그런 날에도 우리 몸은 저절로 이동하고 있다는 거 아니?

우리 몸을 우주의 이쪽저쪽으로 옮겨 주는 건 지구야.
지구는 23시간 56분 4초에 한 번씩 팽이처럼 빙글빙글 도는 자전을 하고,
365.25일에 한 번씩 태양을 한 바퀴 도는 공전을 해.

이렇게 크게 움직이는데, 지구의 움직임을 느낀 적이 없다고?
지구는 늘 같은 속도로 돌고, 우리도 지구와 함께 움직이기 때문이야.

하지만 지구는 엄청나게 빠른 속도로 움직이고 있어.
비행기보다 빠른 속도로 자전을 하고, 로켓보다 훨씬 빠른 속도로 공전을 하고 있지.
지구가 얼마나 빠르게 움직이고 있는지 볼까?

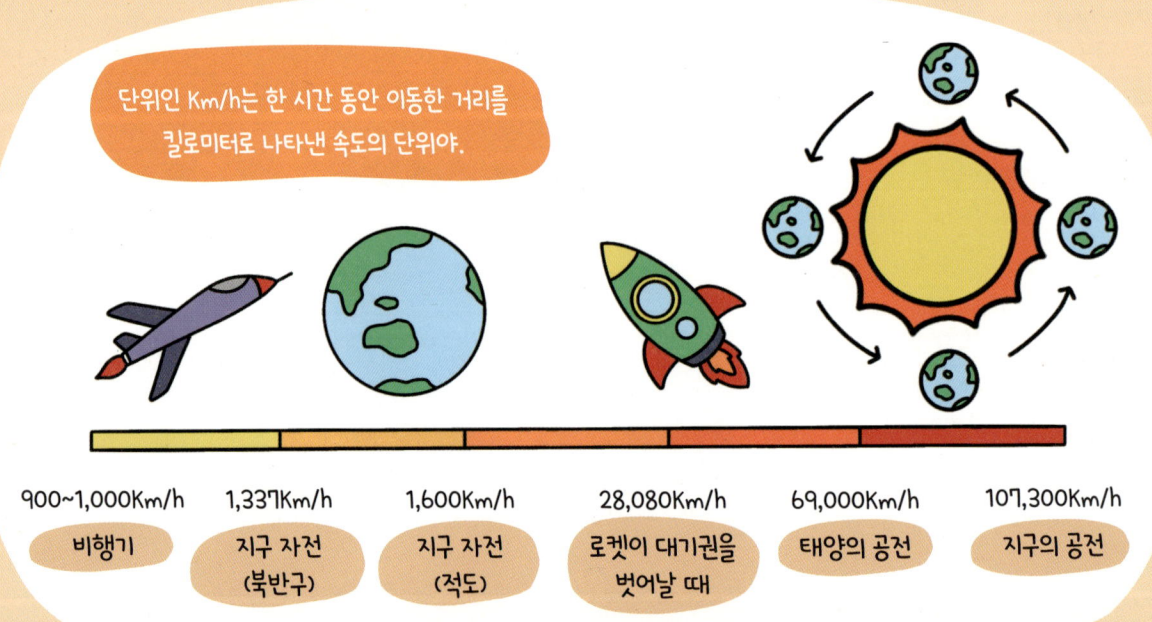

단위인 Km/h는 한 시간 동안 이동한 거리를 킬로미터로 나타낸 속도의 단위야.

| 900~1,000Km/h | 1,337Km/h | 1,600Km/h | 28,080Km/h | 69,000Km/h | 107,300Km/h |
| 비행기 | 지구 자전 (북반구) | 지구 자전 (적도) | 로켓이 대기권을 벗어날 때 | 태양의 공전 | 지구의 공전 |

037 드넓은 우주의 거리를 재는 단위는?

우리는 길이를 잴 때 여러 가지 단위를 사용해. 내 키를 잴 때는 cm(센티미터)를, 달리기하는 거리를 잴 때는 m(미터)를 사용하지. 더 먼 거리를 잴 때는 km(킬로미터)를 쓰는데, 서울에서 부산까지의 거리는 약 400km야. 우주에서 거리를 잴 때도 km를 사용할까?

태양에서 프록시마 켄타우리까지의 거리를 한번 볼까?
아이고, 도대체 0이 몇 개나 붙은 거야?
프록시마 켄타우리는 태양에서 가장 가까운 항성인데도, 0이 너무 많아서 읽기가 어려울 정도야.

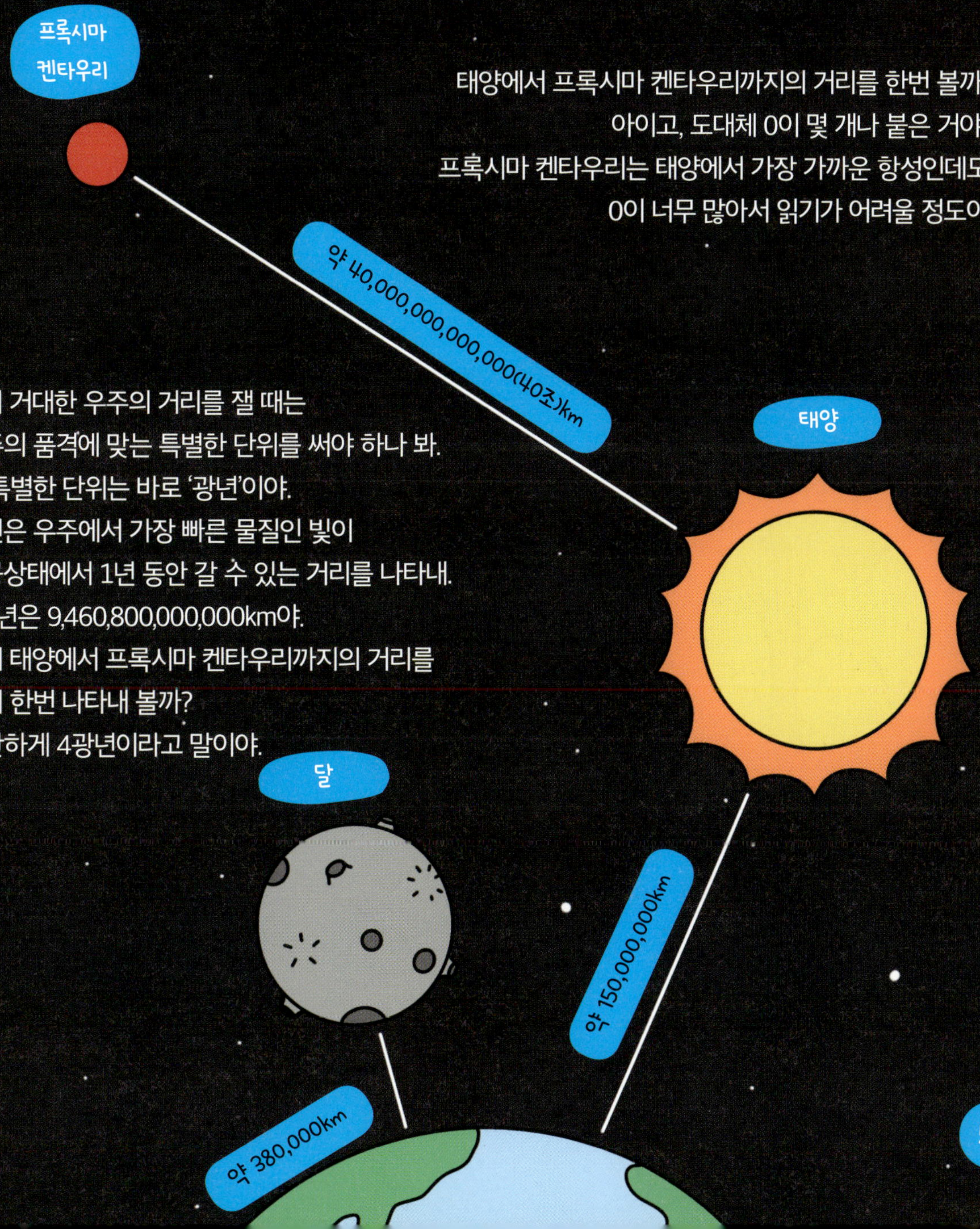

프록시마 켄타우리 — 약 40,000,000,000,000(40조)km — 태양

역시 거대한 우주의 거리를 잴 때는 우주의 품격에 맞는 특별한 단위를 써야 하나 봐. 그 특별한 단위는 바로 '광년'이야.
광년은 우주에서 가장 빠른 물질인 빛이 진공상태에서 1년 동안 갈 수 있는 거리를 나타내. 1광년은 9,460,800,000,000km야.
이제 태양에서 프록시마 켄타우리까지의 거리를 다시 한번 나타내 볼까?
간단하게 4광년이라고 말이야.

달
약 150,000,000km
약 380,000km

038 나무는 키가 얼마만큼까지 클까?

미국 캘리포니아 주에는 키가 100m 쯤 되는 아메리카 삼나무들이
빽빽하게 서 있는 신비한 숲이 있어. 그 숲에서 가장 큰 나무는 키가 116m래.
그것도 10년 전 잰 키니까, 지금은 조금 더 컸겠지!
그 키다리 나무는 앞으로 얼마나 더 클 수 있을까?

과학자들은 나무의 키가 아무리 커도 140m를 넘기는 힘들다고 해.
나무는 뿌리에서 잎까지 물을 빨아올려야 살 수 있는데,
키가 너무 크면 꼭대기까지 물을 끌어올리기가 어렵기 때문이야.

나무 위쪽 기공은 뿌리에서 올라온 물을 수증기로 만들어서 날려보내.

증산작용으로 물이 날아간 만큼 뿌리 쪽에서 물을 더 끌어올려.

식물은 잎에서 증산작용을 하여 뿌리로 빨아올린 물을 잎으로 끌어올려.
식물의 잎에는 숨을 쉬는 기공이 있는데, 기공을 통해 물기를 공기 중으로 내보내고,
잎에서 날아간 물기만큼 뿌리에서는 물을 더 빨아들여서 잎으로 올려.
빨대로 물을 마시면, 밑에서 물이 계속 올라오는 것처럼 말이야.

039 철새도 길을 잃을 때가 있을까?

지구에서 가장 긴 거리를 비행하는 철새는 북극제비갈매기야.
북극제비갈매기는 여름을 찾아 남극과 북극을 오가고 있어.
가장 오래 날았던 북극제비갈매기는 95,997km를 날아갔대.
긴 여행을 하는 북극제비갈매기와 철새들은 어떻게 길을 찾을까?

과학자들은 철새의 뇌 속에 자기장을 느끼는 기관이 있을 거라고 생각했어.
최근에는 눈의 망막으로 자기장을 보는 것 같다는 연구결과도 있어.
정확히는 알 수 없지만, 철새의 길 찾기에 지구 자기장은 큰 역할을 해.
날씨와 상관없이, 밤과 낮 모두 이용할 수 있으니 말이야.
그래서 철새는 길을 잃는 일 없이
먼 거리를 여행할 수 있어.

우리는 부모님에게 길을 배워.
가는 동안 냄새를 기억하고,
해나 별을 이용해 위치를 찾아.

우리는 7~9월에
북극에서 새끼를 키우고,
12~3월에는 남극에서
크릴 파티를 즐겨.

연어도 길 찾기의 천재야.
드넓은 바다에서 살다가
자기가 태어난 강을 정확히 찾아가거든.
연어도 자기장과 태양의 위치 등으로 고향 방향을 찾아.
하지만 바다에서 강으로 들어선 다음
자신이 태어난 고향 강을 콕 집어내는 일은 코가 담당하고 있어.
고향 강물의 냄새를 기억했다가 그 냄새를 찾아간대.

 사람

040 예방주사를 꼭 맞아야 할까?

옛날에는 어릴 때 죽는 아이들이 많았어.
면역력이 어른보다 약한 아기들은 천연두, 디프테리아, 홍역 등 감염병을 이겨내지 못했거든.
지금은 예방주사 덕분에 이런 심각한 병의 위협에서 벗어났어.
예방주사는 우리 몸을 어떻게 만들까?

질병은 보통 병을 일으키는 세균이나 바이러스 때문에 생겨.
세균과 바이러스가 들어오면 우리 몸에서는 비상사태를 선포하고 전쟁을 벌이는데,
이 전쟁은 주로 백혈구가 담당해.

백혈구에는 두 종류가 있어.
세균과 바이러스를 직접 잡아먹는 백혈구와 항체를 만들어 세균과 바이러스와 싸우게 하는 백혈구야.
항체를 만드는 백혈구는 기억력이 좋아. 한 번 만났던 세균이나 바이러스의 정보를 잘 기억해둬.
그래서 한 번 들어왔던 병원균이 다시 들어오면 재빨리 항체를 만들어내지.
예방주사는 이 원리를 이용해.

세균과 바이러스 / 백혈구

예방주사는 죽거나 약하게 만든 병원균을 우리 몸에 넣어주는 주사야.
백혈구를 약한 병원균과 싸워 이기게 하면 진짜 강한 병원균이 들어왔을 때
"전에 만났던 그 녀석이다!" 라며 금방 항체를 만들 수 있거든.
그러니까 조금 따끔하기는 해도 예방주사는 맞는 게 좋겠지?

041 개미보다 작은 것은 무엇으로 봐야 할까?

개미처럼 작은 것을 관찰할 때는 돋보기가 필요해.
작은 개미도 돋보기로 보면 아주 크게 잘 보이니까.
그런데 돋보기로 볼 수 없을 만큼 작은 것도 있어. 그렇게 작은 건 무엇으로 볼 수 있을까?

개미보다 더 작은 세포는 현미경으로 보아야 보여. 참, 이때 사용하는 현미경은 광학현미경이야.
광학현미경은 빛을 이용하여 물체를 확대해 볼 수 있는데, 1,000배에서 최대 1,200배까지 크게 보여 줘.
1mm의 물체를 120cm까지 크게 보여주는 거야.

세포보다 더 작은 바이러스는 광학현미경으로도 볼 수 없어.
광학현미경은 빛을 이용하기 때문에 빛의 파장보다 더 작은 물체는 볼 수 없거든.
그래서 빛보다 파장이 짧은 전자를 이용하는 전자현미경으로 봐야 해.
전자현미경은 수십만 배 확대하기 때문에 1mm의 물체가 초고층 빌딩처럼 크게 보여.

전자현미경으로도 볼 수 없는 더 작은 물체는 원자 현미경으로 봐.
원자 현미경은 이름 그대로 원자를 볼 수 있어. 원자의 크기는 겨우 0.1nm(나노미터)야.
1nm는 10억분의 1미터야. 우리 머리카락을 10만 가닥으로 나눈 크기니까, 정말 작겠지?

사람

042 잠을 안 자면 어떻게 될까?

친구들이랑 우리 집에서 파자마 파티를 할 때면 너무 재미있어서 아주 늦게까지 놀고 싶어. 잠을 안 자고 밤을 새워 놀면 더 좋겠고. 하지만 부모님은 빨리 자라고 야단을 하시지. 잠이 놀이보다 훨씬 중요하다고 말이야. 정말 잠이 그렇게 중요할까? 안 자고 살 수는 없을까?

미국에 사는 한 고등학생도 그게 궁금했나봐. 잠을 안 자면 어떻게 되는지 실험을 한 적이 있대. 이 실험은 11일 만에 중단되었어. 더 오래 깨어있다가는 건강에 심각한 문제가 생길 것 같았거든.

2일째

눈의 초점이 흐려져 TV를 못봤대.

4일째

물체가 다른 것으로 보이는 환각이 일어났어.

사람이 아니라 동물에게 이런 실험을 한 적도 있어. 어떤 동물이었을까? 바로 쥐야. 쥐를 못 자게 하는 실험을 했더니, 안타깝게도 그 쥐는 2주 만에 죽고 말았어. 먹이를 못 먹을 때보다 더 빨리 죽었단다. 동물에게도 잠은 살기 위해 꼭 필요한 행동이야.

잠을 자는 동안 우리 뇌는 쉬면서 기억을 정리해.
낮 동안 받아들인 다양한 정보 중 필요 없는 것은 제거하고, 필요한 것은 장기 기억으로 저장한단다.
또, 뇌척수액을 분비해서 찌꺼기들을 없애기도 해.
그러니까 잠을 충분히 못 자면 기억력이 떨어질 수도 있겠지?
잠이 부족하면 면역력도 떨어지고 집중을 하기도 어려워져.
그래서 잠을 충분히 자는 것은 아주 중요해.

우리는 몇 시간 정도 자야 충분할까? 어린이는 하루에 9~10시간을 자야 충분히 잤다고 할 수 있어.
적어도 9시간은 꼭 자는 게 좋겠지. 어른이 되면 수면 시간은 더 줄어들어.
어른들은 하루에 7~8시간을 자면 충분하단다.

043 자동차가 갑자기 출발하면 왜 몸이 뒤로 쏠릴까?

자동차가 갑자기 출발하면 우리 몸은 뒤로 쏠려. 푹신한 등받이가 있어서 다행이지!
빠른 속도로 자전거를 타다가 갑자기 멈추면 몸이 앞으로 쏠려.
과학자들은 이 모습을 보면 '관성의 법칙을 기억해!'라고 할지도 몰라. 관성은 무엇일까?

멈춰 있는 물체는 계속 멈춰 있으려 하고, 움직이는 물체는 계속 움직이려는 성질이 바로 관성이야.
멈춰 있는 자동차에 앉아 있으면 우리 몸에는 계속 멈춰 있으려는 관성이 생겨.
자동차가 급출발해서 앞으로 가도 몸은 계속 멈춰 있으려는 성질 때문에 뒤로 쏠리는 거야.

전속력으로 자전거를 달리다 멈추기 힘든 것도 관성 때문이야.
관성을 이기고 멈추려면 브레이크를 아주 꽉 잡아야 하지.
그러면 자전거 바퀴가 땅을 꽉 붙들어 자전거를 멈춰. 이때 생기는 힘은 마찰력이야.

우주에서 공을 던지면 관성의 법칙 때문에 끝도 없이 영원히 날아가.
우주에는 공을 멈출 마찰력도 공기의 저항도 없으니까.

044 사람이 다이아몬드를 만들어낼 수 있을까?

다이아몬드라고 하면 반짝이는 보석이 생각나지?
하지만 광산에서 캐낸 다이아몬드 중 깨끗한 20%만 보석으로 가공되고,
80%는 산업용으로 쓰여.
다이아몬드는 아주 단단해서 단단한 금속이나 유리, 암석 등을 자르거나 다듬는 데 많이 쓰거든.
그런데 다이아몬드를 직접 만들 수도 있다는 거 알고 있니?

산업용으로 쓰는 다이아몬드는 사람이 기계로 만들어 쓰기도 해. 이렇게 만든 다이아몬드를 인공 다이아몬드라고 해. 연필심을 만드는 흑연이나 작은 다이아몬드 씨앗을 크게 키우는 방법으로 만들기도 해.

다이아몬드 씨앗을 기계에 넣어.

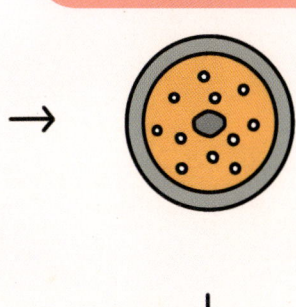

다이아몬드 씨앗 주변에 탄소 원자를 붙이면!

짠! 인공 다이아몬드가 완성 돼!

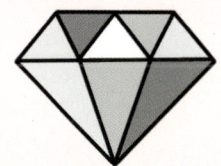

인공 다이아몬드와 천연 다이아몬드는 눈으로만 봐서는 구별이 어려워.

 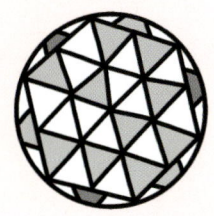

인공 다이아몬드를 잘 다듬어 보석으로 쓰기도 해.
예쁘고, 값도 싸고, 환경도 보호할 수 있기 때문이야.

045 석탄과 석유는 어떻게 생겨났을까?

우리가 현재 가장 많이 쓰는 에너지는 석탄, 석유, 천연가스 같은 화석 에너지야.
화석 에너지가 아니라 전기를 가장 많이 쓴다고? 그 말도 맞아.
그런데 그 전기를 무엇으로 만드는지 아니?

우리나라에서 사용하는 전기의 약 70%는 석탄, 석유, 천연가스를 이용해 만들어.
왜 화석 에너지를 가장 많이 쓴다고 했는지 알겠지?
석탄과 석유는 수백만 년 전에 살았던 식물과 동물이 땅에 묻혀서 만들어졌어.
시간이 흐르면서 땅에 묻힌 동물들은 사라지고 탄소만 남은 거야.

오래 전에 지구에 살았던 여러 식물들 중에는
지구 환경이 변하면서 늪에 가라앉거나 땅에 묻힌 것들도 있어.
그 위로 오랫동안 흙이 쌓이고 점점 땅의 깊은 곳으로 가서
열과 압력을 받아 생긴 것이 바로 석탄이야.

석유는 죽은 동물이 땅에 묻혀서 생겨났다고 알려져 있어.
석유는 땅에서도, 바다에서도 발견할 수 있어.
플랑크톤이나 동물들이 죽어서 바닷속 땅에 쌓이고,
그 위로 다시 흙이 덮이면서 오랜 시간이 지나
석유가 되는 거야.

046 지진이 자주 일어나는 지역은 따로 있을까?

지진은 지구의 어디에서나 일어날 수 있어. 실제로 지구에서는 하루에도 수천 번의 지진이 일어나. 대부분은 약한 지진이지만 가끔은 아주 강한 지진이 일어나기도 해.
강한 지진과 약한 지진이 일어나는 지역은 정해져 있을까?

강한 지진이 잦은 곳은 지각의 판과 판이 만나는 경계 지역이야.
지진이 자주 일어나는 지역을 이으면 꼭 띠처럼 보여. 이곳을 지진대라고 불러.
지진대에는 활화산도 많아서 화산대라고도 불러.
가장 악명높은 지진대는 태평양을 둘러싼 환태평양 지진대야.

전 세계 지진과 화산 활동의 80% 이상이 이곳에서 일어나서 '불의 고리'라는 무시무시한 별명도 붙었어.
불의 고리에서 일어났던 지진들을 살펴볼까?

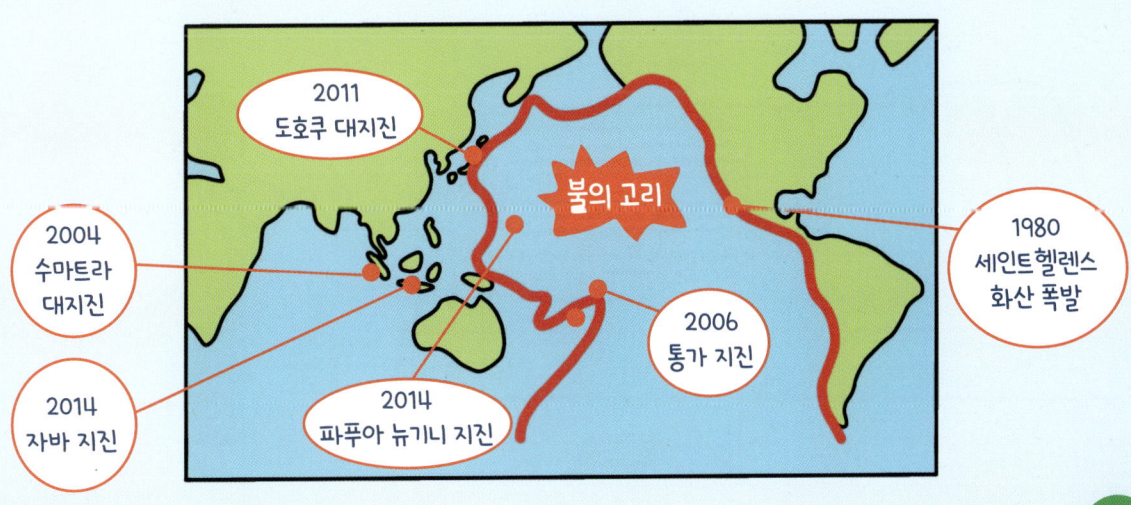

047 자석으로 전기를 만들 수 있을까?

나침반을 자석의 가까이에 가져가면 바늘이 막 엉뚱하게 움직이는 걸 볼 수 있어. 나침반의 바늘을 자석으로 만들기 때문이야. 1820년, 덴마크의 과학자 외르스테드는 우연히 전선 근처에 나침반을 가져갔다가, 나침반의 바늘이 자석 가까이에 있는 것처럼 막 엉뚱하게 움직이는 걸 봤어. 자석도 아닌 전선 옆에서 왜 그랬을까?

헉! 바늘이 움직였어.

자석의 주위에는 자석의 힘이 미치는 공간인 자기장이 생겨. 그런데 전류가 흐르는 전선 주위에도 똑같은 자기장이 생긴다는 걸, 외르스테드가 처음 알아냈어.

"전류로 자기장을 만들 수 있다면 반대로 자석으로 전기를 만들 수도 있지 않을까?"
영국의 과학자 패러데이는 외르스테드의 실험과 반대로 자석을 이용해 전기를 만드는 실험을 했어. 그 결과 코일에 자석을 넣었다 뺏다하면, 코일에 전기가 흐른다는 사실을 발견했어. 코일은 구리, 알루미늄처럼 전기가 잘 통하는 금속 철사를 용수철처럼 동그랗게 감은 거야.

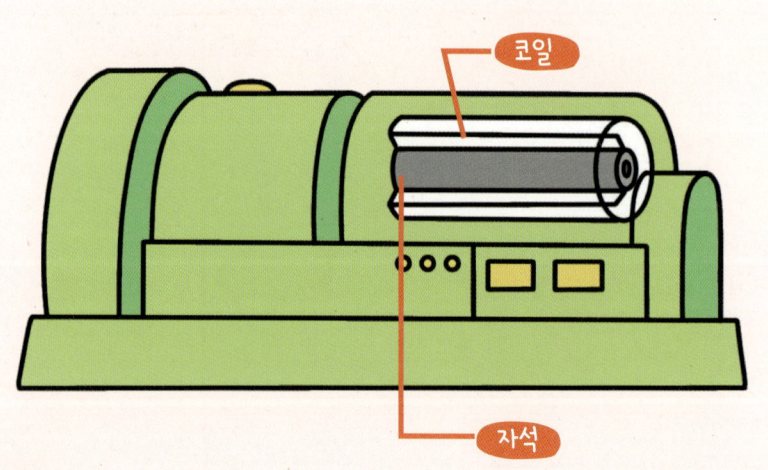

코일

자석

발전소에서 자석과 코일로 전기를 만들기도 해.

048 우주에서 가장 추운 곳은 어디일까?

펄펄 끓는 화산의 마그마는 800~1,200℃야.
얼마나 뜨거울 지 상상도 안 되지?
하지만 태양 표면의 온도에 비하면 시원하다고 할 수도 있어!
태양 표면의 온도는 5,500~6,000℃거든.
태양의 온도가 우주에서 가장 높을까?

우리는 아주 뜨겁지만, 우주에서 제일은 아닐지도 몰라!

우주가 처음 시작된 빅뱅 이후
1/100초 정도가 지났을 때,
우주의 온도는 약 1,000억℃였대.
이보다 더 높은 온도가 있는지는
아직 밝혀지지 않았어.

우주에서 가장 높은 온도는 아직 알 수 없지만
가장 낮은 온도는 알려져 있어. 영하 273.15℃야.
이 온도에서는 물질을 이루는 모든 입자들이 운동을 완전히 멈춰.
1848년, 영국의 물리학자 베런 켈빈은 이 온도를 절대온도로 정했어.
절대온도의 단위는 K(켈빈)야.

텅 빈 우주 공간은 약 3K(영하 270℃)야.
우주에서 가장 추운 곳은 어디일까?
바로 부메랑 성운이야.
부메랑 성운의 온도는 절대온도 보다
겨우 1℃ 높은 영하 272.15℃야.

049 어떤 동물이 사람을 가장 많이 죽게 했을까?

상어, 사자, 뱀, 악어, 전갈…. 이름만 들어도 무서운 동물들이지?
덩치가 크고, 이빨이 날카롭거나 독이 있으니까. 하지만 진짜 위험한 동물은 따로 있어.
그것도 매우 가까이에… 해마다 사람을 가장 많이 죽이는 동물은 무엇일까?

놀랍게도 사람을 많이 죽게 만드는 동물 1위는 바로 모기야.
모기는 말라리아, 지카바이러스, 일본뇌염, 뎅기열 등의 위험한 병을 사람에게 옮겨.
해마다 100만 명 이상의 사람들이 모기가 옮긴 병으로 죽는단다.

사람을 무는 모기는 산란기의 암컷 모기야.
암컷 모기는 평소에는 꽃의 꿀 등을 먹는데 알을 키울 때면 사람이나 동물의 피를 빨아.
영양분이 많이 필요하기 때문이야.

> 나는 내 몸무게의 3배까지 피를 빨아 마셔.

> 피가 굳지 않고 술술 잘 흘러나오도록 포름산이라는 독이 든 침을 주입해.

> 앗! 따가워!

모기는 땀, 열, 이산화탄소를 좋아해.
모기에게 인기를 끌고 싶으면 운동을 한 뒤
땀을 흘리며 가쁜 숨을 내쉬면 돼.
20~30m 밖에서도 앵앵 찾아올 거야.

050 냄새가 안 나는 땀도 있을까?

학교 운동장에서 신나게 뛰어놀고 나면 땀이 많이 나지?
그렇게 모두 교실로 돌아오면 한참 동안 고약한 땀 냄새가 교실에 가득해.
그런데 땀 냄새가 고약하다고 하면 어떤 땀은 서운하대. 냄새가 별로 안 나는 땀도 있거든.
그런 땀이 어디 있냐고?

쿰쿰한 냄새가 나는 땀은 아포크린샘에서 나는 땀이야.
아포크린샘은 털의 뿌리와 이어져 있는데, 단백질과 기름기가 있는 걸쭉한 땀을 내보내.
아포크린샘의 땀은 사람마다 조금씩 다른 독특한 냄새를 풍겨.
피부에 붙어있는 세균이 이 땀을 먹으면 독특한 고약한 냄새를 더하지.
여름에 강한 운동을 하고 나면
겨드랑이에서 나는 바로 그 냄새 말이야.

또다른 땀샘인 에크린샘은 좀 억울해.
에크린샘은 우리 몸 전체에 퍼져있고,
99%가 물로 이루어진
맑고 깨끗한 땀을 내보내.
물에 약간의 소금기와 노페물만 섞여있어서
냄새가 거의 안 나.
하지만 이런 땀도 오랫동안 씻지 않으면
역시 세균이 붙어서
쿰쿰한 냄새를 만들어내지.

땀 냄새가 많이 나면 좀 부끄럽다고?
그래도 땀은 꼭 흘려야 해. 땀이 증발하면서 피부의 열을 빼앗아 체온을 유지하거든.

식물

051 식물은 왜 씨앗을 멀리 보낼까?

식물들은 씨앗을 멀리 보내려고 해.
움직일 수 없는 식물은 어떻게 씨앗을 멀리 보낼까?

민들레 씨앗을 볼 때마다
'후, 불고 싶다'는 생각이 든다면,
민들레의 마법에 걸린 거야.
민들레는 씨앗의 무게를 줄이고
깃털도 달아 잘 날아가게 만들었어.
민들레 씨앗을 보면 후 불라는
주문도 걸어 두었지.

봉숭아 꽃 씨앗을 터트려본 적 있니?
꼬투리 속에서 안전하게 자란 씨앗이 잘 익으면
꼬투리가 말라서 탁 터지며 씨앗이 총알처럼 튀어나가지.
과일은 달콤한 냄새와 빨간 색깔로
씨앗을 멀리 퍼트려줄 동물들을 불러들여.

도깨비바늘은
사람이나 동물들을 이용해 씨앗을 멀리 보내.
도깨비바늘의 씨앗은
사람의 옷자락이나 동물의 털에 꽉 붙거든.
씨앗의 끝부분이 갈고리 모양이라서
웬만해서는 잘 떨어지지도 않아.

물에 사는 연꽃은
씨앗을 물에 둥둥 띄워 흘려보내.
싹을 틔우기 적당한 장소를 찾을 때까지는
씨앗 속에 물이 들어가지 않게
방수도 잘 해 두었단다.

식물들은 왜 씨앗을 멀리 보낼까?
씨가 한꺼번에 같은 곳에 떨어져 싹이 트면,
자라는 데 필요한 양분이나 물이 부족해질 수 있어.
씨앗들끼리도 서로 멀리 떨어지고, 부모 식물에게서도 멀리 떨어져야
서로 경쟁하지 않고 더 잘 자랄수 있어.

 사람

052 기억력을 높이는 방법이 있을까?

분명히 책상 위 어딘가에서 본 것 같은데, 물건을 어디에 뒀는지
기억이 안나서 한참 찾아본 적이 있니?
하루에도 몇 번씩 물건을 찾는 내 기억력은 괜찮은 걸까? 기억력 테스트로 알아보자.
아래 그림을 5초 동안 보고 덮은 다음 기억을 떠올려 봐.

몇 개나 기억했니? 4~5개를 기억했다면 보통 기억력이야.
그림이든 단어든 숫자든 인간은 보통 한꺼번에 5~9개를 기억할 수 있어.

정보가 우리 뇌에 머무는 시간은 겨우 20~30초야. 이걸 단기 기억이라고 해.
계속 기억하려는 노력이 없으면 단기 기억은 바로 사라져.

오랫동안 머무는 장기 기억으로 붙잡아두려면 단기 기억이 사라지기 전에 반복하면 돼.
1시간 뒤, 하루 뒤, 일주일 뒤 반복하면 단기 기억이 장기 기억으로 저장되어서 오래도록 남거든.

053 과일은 왜 익으면 색깔이 바뀔까?

지금까지 먹어본 과일 중 최악은 시퍼런 풋감이야.
한 입 베어물었을 때 너무 떫어서 모래를 한 주먹 먹은 것 같았지.
덜 익은 과일들은 대부분 아주 떫거나 셔. 잘 익은 과일은 달고 맛있는데 덜 익으면 왜 맛이 없을까?

식물은 씨앗을 보호하기 위해서 일부러 덜 익은 열매를 떫게 만들어. 식물의 열매에는 씨앗이 들어있거든.
식물은 새와 같은 동물들이 이 열매를 먹고, 씨앗을 멀리 퍼트리기를 바랄 거야.
하지만 씨앗이 채 익기도 전에 새들이 다 먹어버리면 안 되겠지!
충분히 익은 씨앗만 싹이 터서 잘 자랄 수 있으니 말이야.

와아~ 맛있겠다!

초록 열매는 아직 안돼! 다 익은 빨간 열매를 먹고, 씨앗을 멀리로 가져가 주렴!

식물은 씨앗이 충분히 익을 때까지 열매의 색깔도 눈에 잘 안 띄는 녹색으로 하고, 맛도 쓰고 시고 떫게 만들어.
씨앗이 잘 익으면 그제야 열매의 맛은 달게, 색깔은 빨갛게 바꾸어서 동물들의 눈에 잘 띄게 하지.
새들에게 '어서 와서 먹고, 멀리 날아 가서 씨앗 똥을 싸라!' 고 신호를 보내는 거야.

 사람

054 우리 몸에서 가장 튼튼한 뼈는 뭘까?

사람의 몸에서 가장 단단한 것은 치아야. 하지만 치아는 우리 몸에서 가장 강한 뼈가 아니야.
치아는 뼈가 아니거든. 뼈는 65%가 칼슘과 인 등 광물질로 이루어져서 단단하고 강해.
그 중에서도 가장 강한 뼈는 무엇일까?

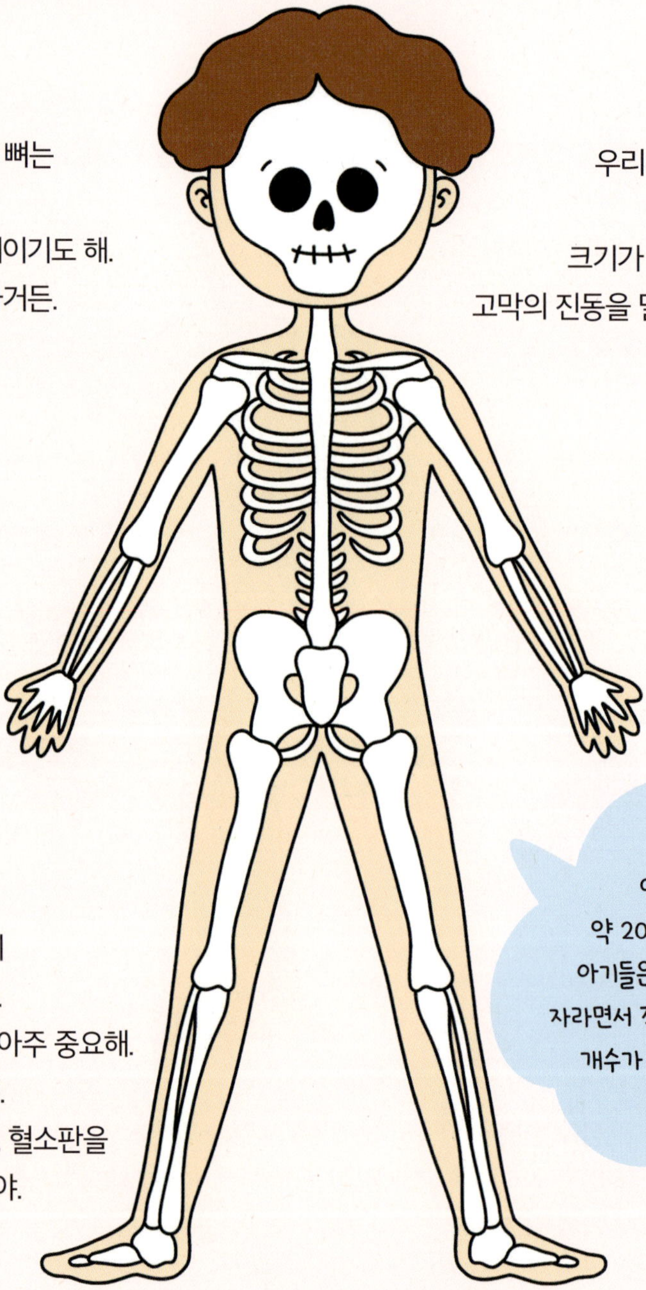

우리 몸에서 가장 강한 뼈는
넓적다리뼈야.
우리 몸에서 가장 긴 뼈이기도 해.
키의 4분의 1을 차지하거든.

우리 몸에서 가장 작은 뼈는
귓속에 있는 등자뼈야.
크기가 겨우 3mm인 등자뼈는
고막의 진동을 달팽이관으로 전달해줘.

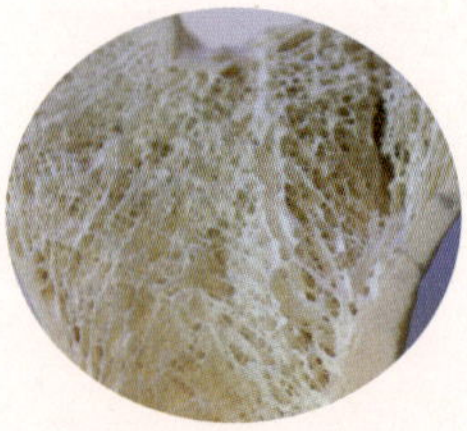

뼛속을 들여다보면
해면스펀지처럼 구멍이
숭숭 뚫린 부분이 있어.
큰뼈의 스펀지 구멍은 아주 중요해.
골수가 가득 차 있거든.
골수는 적혈구, 백혈구, 혈소판을
만드는 중요한 물질이야.

어른의 몸에는
약 206개의 뼈가 있어.
아기들은 이보다 훨씬 많아.
자라면서 작은 뼈들이 서로 붙어서
개수가 줄어들기 때문이야.

055 작고 귀여운 스컹크의 무기는 무엇일까?

스컹크는 덩치가 조그맣고 이빨도 강하지 않지만 겁이 없어.
뱀을 만나도, 퓨마를 만나도, 무서워하지 않아.
귀여운 스컹크의 무기는 무엇일까?

스컹크는 적을 만나면 앞발로 번쩍 물구나무를 서.
항문의 옆에 있는 두 개의 냄새 분비샘에서
강력한 냄새가 나는 액체를 쏘려고 말이야. 목표는 적의 눈!
6m쯤 떨어져 있어도 정확히 명중시킬 수 있지.
스컹크의 공격을 받은 적은 잠시 눈이 멀게 되고,
고약한 냄새를 뒤집어 써.

> 나는 냄새를 못 맡아서 스컹크가 하나도 안 무서워!

스컹크가 뿜은 냄새는
일주일 넘게 사라지지 않아.
스컹크의 냄새 공격을 받은 동물들은
지독한 냄새가 없어지기 전까지
사냥을 할 수 없어서 쫄쫄 굶어.
한 번 스컹크의 방귀 맛을 본 동물들은
작고 힘없는 스컹크를 피해 다닌대.

> 정확히 눈을 맞춰 주겠어!

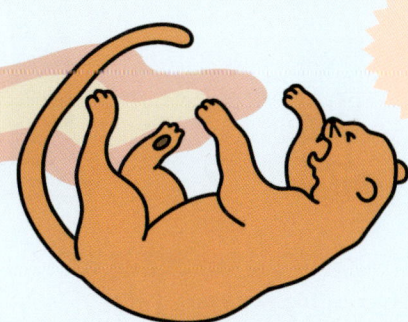

> 으악! 냄새!!!

사람

056 마스크는 어떻게 무서운 감염병을 막아줄까?

2020년과 2021년의 외출 필수품은 안타깝게도 마스크였어.
코로나19라는 감염병이 우리나라를 비롯한 전세계에 유행했기 때문이야.
코로나는 왜 생겨났을까?

코로나19는 코로나 바이러스가 변이를 일으켜 만들어진 새로운 바이러스가 일으켰어.
전염성이 아주 강해서 짧은 기간에 전 세계에 널리 퍼졌고, 많은 사람들이 감염되었지.
가볍게 앓고 지나간 사람들도 많지만 사망자도 많았어.
새로 나타난 바이러스라 치료약도, 예방약도 없었거든.

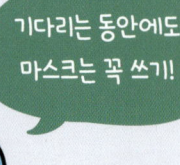

병을 일으키는 바이러스와 세균들은
침방울 속에도 많이 들어있어.
병에 걸린 사람이 기침과 재채기를 하면
침방울 속 세균과 바이러스가
공기 중에 나와 둥둥 떠다녀.
그러다 다른 사람의 코와 입으로 들어가
또다시 병을 일으키지.
마스크를 쓰면 내 침방울도 튀지 않고,
다른 사람의 침방울도 내 코와 입에 닿지 않아
병을 예방하는 효과가 있어.

코로나 치료제가 나올 때까지 마스크를 잘 쓰고
손을 깨끗이 씻어서 건강을 잘 지켜 나가자.

물리

057 투명망토를 만들 수 있을까?

옛날 영화나 소설에 나왔던 신기한 기계와 기술 중에 요즘 실제로 이뤄진 것이 참 많아.
운전자가 없어도 스스로 갈 수 있는 자율주행자동차, 어떤 물건이든 다 만들어내는 3D프린터,
사람처럼 똑똑한 인공지능, 부끄러울 때 몸을 쏙 숨기는 투명망토… 투명망토는 아직이라고?

투명망토는 지금도 만들 수 있어. 정확히 말하면 우리가 입을 수 있는 커다란 투명망토가 아니라,
세포 몇 개를 가릴 정도로 작은 것이지만 말이야.

우리가 물체를 보려면, 물체에 반사된 빛이 우리 눈에 들어와야 해.
물체가 빛을 모두 흡수하거나 반사해버리면, 그 빛이 우리 눈에 들어오지 않아서 물체를 볼 수 없어.

빛이 물체에 닿지 않고 지나가면 당연히 볼 수 없겠지?
투명망토를 만드는 데 필요한 메타물질은 이 원리를 이용한 물질이야.
메타물질에는 빛이 닿지 않고 휘어져 지나가는 성질이 있어. 빛이 닿지 않으니 눈에도 보이지 않겠지?
이 메타물질로 만든 투명망토를 두르면 빛이 비켜 가기 때문에
망토 입은 사람은 안 보이고, 그 사람의 뒤쪽에 있는 것들만 보이는 거야.

058 막대기로 지구를 들어올릴 수 있을까?

고대 그리스의 과학자 아르키메데스는 지렛대와 받침대만 있다면
지구도 들어올릴 수 있다고 큰소리를 땅땅 쳤어. 과연 그럴까?
현대 과학자들이 계산해본 결과 아무리 긴 지렛대가 있어도 지구를 들어 올릴 수 없대.
빛의 속도로 백만 년 동안 지렛대를 눌러야 겨우 지구를 1센티미터 들어 올릴 수 있대.
하지만 사람은 빛의 속도로 움직일 수 없고, 백만 년을 살 수도 없으니…
아르키메데스는 거짓말쟁이였을까?

아르키메데스의 말은 아마 지렛대의 원리를 칭찬한 표현이었을 거야.
지렛대는 힘을 적게 들이고도 무거운 물체를 움직일 수 있는 마법의 도구야.
놀이터에서 볼 수 있는 시소도 지렛대의 원리를 이용한
놀이기구라는 거 알고 있었니?

> 받침점과 힘점이 더 가까우면 지레를 사용하지 않는 것보다 더 힘들어.

받침점과 작용점이 가까울수록 힘이 덜 들어.

작용점 · 받침점 · 힘점

작용점과 받침점의 거리가 작용점과 힘점의 거리보다 3배 가까우면, 3/1의 힘으로 물건을 들 수 있어

059 지구에서는 왜 달의 뒷면이 안 보일까?

지구에서는 달의 한쪽 면만 볼 수 있어.
우리가 보는 쪽을 달의 앞면이라고 하면, 지구에서는 달의 뒷면을 보지 못 해.
초승달일 때도, 보름달일 때도 우리는 달의 앞면만 볼 수 있어.
왜 모양은 매번 달라지는데도 우리는 달의 앞면밖에 못 보는 걸까?

달은 자전주기와 공전주기가 같기 때문이야.
늘 같은 면만 지구를 향해서 우리는 달의 한쪽 면만 보고 있어.

> 달의 뒷면도 앞면과 똑같이 태양을 받아 빛나. 지구에서는 볼 수 없지만.

> 달은 약 27.3일에 한 번 자전과 공전을 해.

맨눈으로 달의 뒤편을 본 최초의 지구인은 아폴로 8호 우주비행사 세 명이야. 아폴로 8호는 아폴로 11호보다 7개월 먼저 달에 날아가 최초로 달을 한 바퀴 돌고 돌아온 우주선이야. 달의 궤도를 돌 때 달의 뒷모습도 보았대. 아폴로 11호가 달 착륙에 성공한 데에는 먼저 달 탐험의 경험을 쌓은 아폴로 8호의 역할이 매우 컸어.

> 사진으로나마 달의 뒷면을 처음 본 때는 1959년이야. 소련의 달 탐사선 루나 3호가 달의 뒷면으로 날아가 찍어 보내주었어.

루나3호

060 달은 왜 모습이 자꾸만 변할까?

밤하늘에 밝게 빛나는 달을 보면서 우리는 달빛이 아름답다고 하지.
그런데 사실 달빛은 달이 스스로 내는 빛이 아니야. 달이 태양 빛을 반사해서 빛나 보이는 것뿐!
달이 초승달, 반달, 보름달, 그믐달로 모양을 계속 바꾸는 것처럼 보이지만
진짜로 모양이 변하는 건 아니야. 달의 진짜 모습은 어떤 걸까?

지구가 태양 주위를 돌 듯이 달도 지구 주위를 돌고 있어.
달이 지구 둘레를 공전하면서 위치가 바뀌면
태양 빛을 받아 빛나는 부분도 달라져서, 달의 모양이 달라 보이는 거야.
빛나는 쪽이 많이 보이면 크고 둥근 보름달로 보이고, 작게 보이면 초승달이나 그믐달이야.
보름달일 때 달의 모습을 살펴보자.

운석이 날아와 부딪혀 크레이터가 많아.

지구에서 많이 볼 수 있는 검게 보이는 부분은 평평한 평원이야.

달의 모양이 바뀌다가 어느 순간 아예 안 보일 때가 있어. 달이 사라진 걸까?
사실은 달의 뒷면만 태양 빛을 받는 바람에 지구에서 달이 안 보이는 거야.
이때를 삭이라고 해. 반대로 꽉 찬 보름달이 될 때는 망이라고 해.

삭이 지나면 언제 그랬냐는 듯 조그만 초승달이 얼굴을 드러내고,
또 상현달, 보름달, 하현달, 그믐달로 달의 모양이 바뀌어.
아니, 지구에 사는 우리 눈에만 달의 모양이 바뀌는 것처럼 보이지.

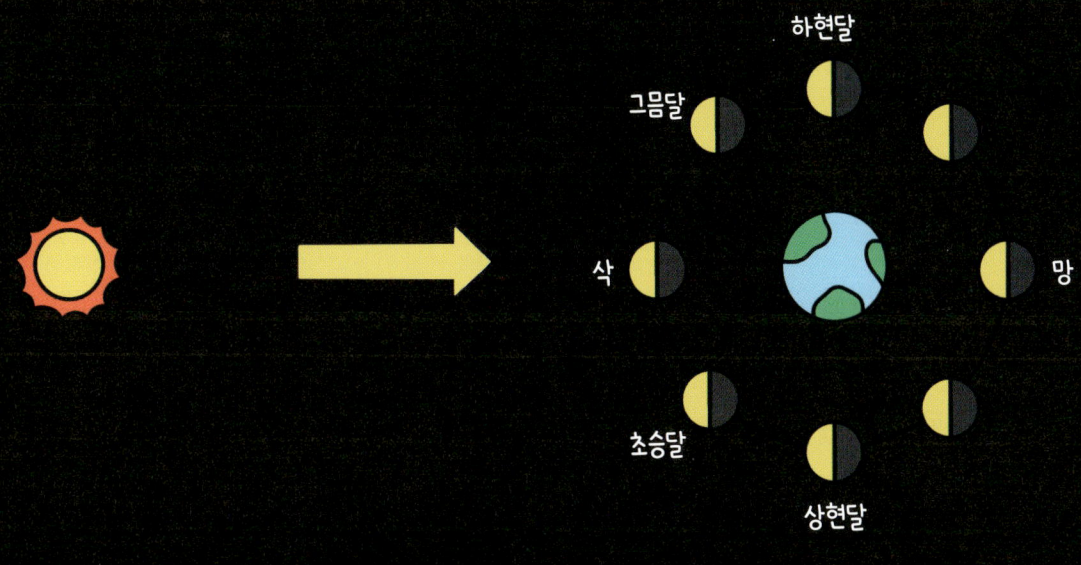

061 꿀벌이 사라지면 우리는 어떻게 될까?

2006년 미국 플로리다의 양봉 농가에서 수상한 일이 잇따라 일어났어.
꿀과 꽃가루를 구하러 간 일벌들이 한 마리도 돌아오지 않고 싹 사라진 거야.
이 수상한 꿀벌 실종사건은 유럽, 남아메리카, 아시아까지 퍼졌어.
우리나라에서도 일벌들이 흔적도 없이 사라지는 사건이 계속 일어났지.
도대체 꿀벌들은 어디로 갔을까?

꿀벌이 어디로 갔는지는 아직까지 밝혀지지 않았어.
과학자들은 사람들이 함부로 쓴 살충제와 항생제, 휴대전화 전파, 야생화의 감소,
지구 온난화로 꽃이 피어있는 시기가 줄어든 것 등을 원인으로 꼽았어.
정확히는 몰라도 사람들이 자연을 파괴해서
꿀벌이 견디지 못한 건 분명해.

꿀벌은 사람들이 먹는 식량 작물 중 70% 이상을 수분시키고 있어.
꿀벌이 꽃가루를 옮겨 암술과 수술을 만나게 하는 일을 수분이라고 해.
꽃이 피는 식물은 수분이 되어야 씨앗과 열매를 맺을 수 있어.
꿀벌이 없으면, 인류는 멸망까지는 아니어도 굶주리게 될 거야.

062 사람은 얼마나 오래 숨을 참을 수 있을까?

얼마나 오래 숨을 참을 수 있니? 보통 사람은 1분 정도래.
잠수를 자주 하는 해녀들은 1분 30초 이상, 물속에서 숨 오래참기 세계 챔피언은
20분도 넘게 숨을 참을 수 있대. 도대체 어떻게 그렇게 오래 숨을 참을 수 있었을까?

숨 오래참기 챔피언의 비결은
침착하게 가만히 있는 거래.
몸에서 최대한 산소를 적게 쓰도록 말이야.
시합 전에는 순수한 산소를 미리 잔뜩 마셔두었대.
우리는 평소에 숨을 쉴 때 순수한 산소를 마시지 못 해.
대기성분에 산소는 20.8%뿐이거든.
나머지는 질소, 이산화탄소, 수증기 등이야.

가만히 있어야 숨을 더 오래 참을 수 있어.

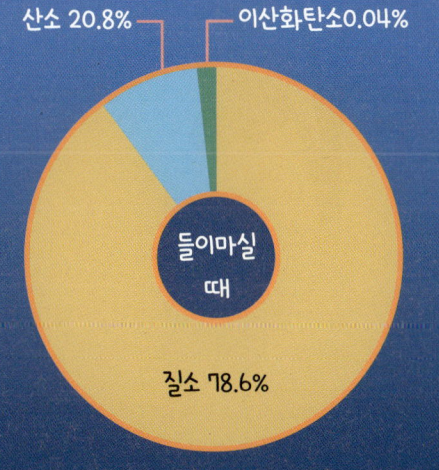

산소 20.8% 이산화탄소 0.04%
들이마실 때
질소 78.6%

호흡은 들이마신 산소를 몸속 세포에 고루 나누어준 다음
세포가 내놓은 찌꺼기인 이산화탄소를 내뱉는 과정이야.
호흡을 하고 내쉰 공기 성분을 보면 우리 몸이 산소를
얼마나 썼는지 알 수 있어.

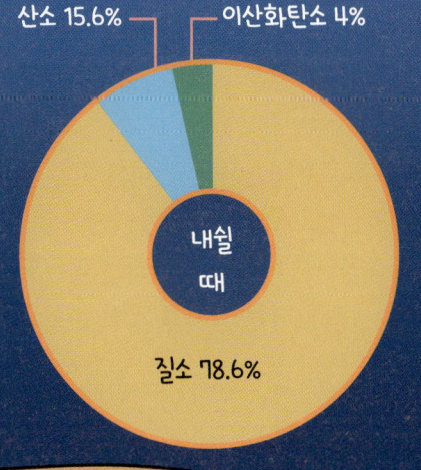

산소 15.6% 이산화탄소 4%
내쉴 때
질소 78.6%

063 바이러스는 사람만 공격할까?

최초로 발견된 바이러스는 담뱃잎을 병들게 하는 바이러스였어.
담배 농사를 엉망진창으로 만들어 농부들을 절망에 빠뜨렸지만 사람을 병들게 하지는 못 했어.
담배 바이러스는 왜 사람을 공격하지 못 했을까?

바이러스는 아무 세포에나 막 들어갈 수 없기 때문이야.
열쇠와 자물쇠처럼 바이러스와 세포가 딱 맞아야 감염을 시킬 수 있어.
담뱃잎에 꼭 맞는 바이러스는 담뱃잎만 아프게 하고, 새에게 맞는 바이러스는 새만 아프게 해.
사람을 아프게 하는 바이러스는 사람 세포에 딱 맞는 녀석들이야.

바이러스는 돌연변이를 자주 일으켜.
동물만 감염시키던 바이러스가 느닷없이 돌연변이를 일으켜 인간을 공격하기도 해.
바이러스에 감염되면 치료하기 어려운 이유도 돌연변이 때문이야.
그래서 바이러스에 감염되기 전에 예방하는 일이 중요해. 손을 잘 씻고, 몸을 건강하게 유지해야 겠지?

064 왜 칼로 물을 베지 못할까?

'칼로 물 베기'라는 속담이 있어. 아무리 크고 날카로운 칼로 베어도 갈라지지 않는 물처럼 원래대로 돌아가는 일이나 소용없는 일에 빗대어 쓰는 속담이야. 물은 왜 베어지지 않을까?

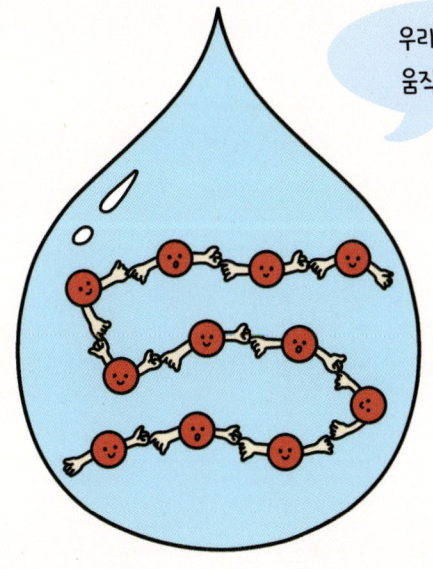

물을 자르려고 하면 주르륵 흘러.
물 분자들은 느슨하게 결합해서 자유롭게 움직이기 때문에 칼로 베어도 주르륵 흐르기만 하고, 갈라지지는 않아.
물을 칼로 베어서 갈라진 틈이 생기면, 다른 물 분자가 냉큼 그 자리를 메워버리거든.

물은 액체야. 액체는 다 물처럼 베어도 갈라지지 않아.
분자들이 느슨하게 결합하기 때문이지.
그래서 액체는 모양이 일정하게 정해지지 않아.
길쭉한 컵에 담으면 길쭉하게 서 있고,
넓적한 접시에 담으면 넓적하게 퍼져.

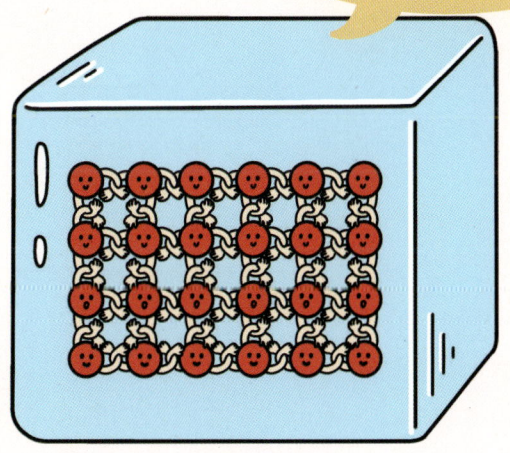

고체는 모양이 단단하게 잡혀 있지?
고체 속 분자들은 가깝게, 꽉 붙어서
거의 움직이지 않기 때문에
모양이 일정한 거야.

065 소리가 들리지 않는 곳도 있을까?

지구는 아주 시끄러워. 도시는 기계와 자동차와 사람들이 일으킨 소음으로 가득 차 있어.
조용할 것 같은 깊은 산속에서도 물소리, 새소리, 바람 소리 등이 끊임없이 나. 우주는 어떨까?
소행성들이 쌩쌩 날아다니는 소리, 초신성이 폭발하는 소리,
태양이 이글이글 불타는 소리가 들릴까?

우주에서는 아무 소리도 안 들려.
소리는 공기의 떨림이야. 우리가 북을 쿵 치면, 북소리가 주변의 공기에 부딪히며 퍼져나가.
물결이 퍼지는 것처럼, 도미노가 쓰러지는 것처럼
바로 옆의 공기를 떨고, 떨고, 또 떨면서 우리 귀까지 들어와.
그러면 우리는 북소리를 듣게 되지. 공기가 거의 없는 우주에서는 소리가 퍼지지 않아서,
우주 공간에서는 아무 소리도 들리지 않아.

우주에서는 소리를 낼 수도 없어. 우주 공간을 구경하면서 북을 쿵 쳤다고 상상해 봐.
쿵! 북이 떨렸지만 북 주위에 공기가 없어서 그 떨림은 바로 멈추고 말아.
공기가 없는 우주 공간은 아무 소리가 들리지 않는 아주 고요한 곳이란다.

066 사람의 뇌는 얼마나 클까?

우리 머릿속에는 뇌가 들어있어. 왠지 뇌가 크면 머리가 좋을 것 같고,
머리가 좋으면 공부를 열심히 안해도 시험을 잘 볼 수 있을 것 같지?
뇌가 커서 무거울수록 머리도 좋은 걸까?

뇌의 무게와 지능은 관계가 없어. 사람의 뇌는 보통 1.4kg~1.6kg으로 무게가 비슷하거든.
몸이 사람보다 훨씬 더 큰 코끼리의 뇌는 더 커. 4kg이나 된대.
그런데 코끼리의 몸무게는 2,000kg 이상이야. 몸에 비해 코끼리의 뇌는 무척 작게 느껴지지?

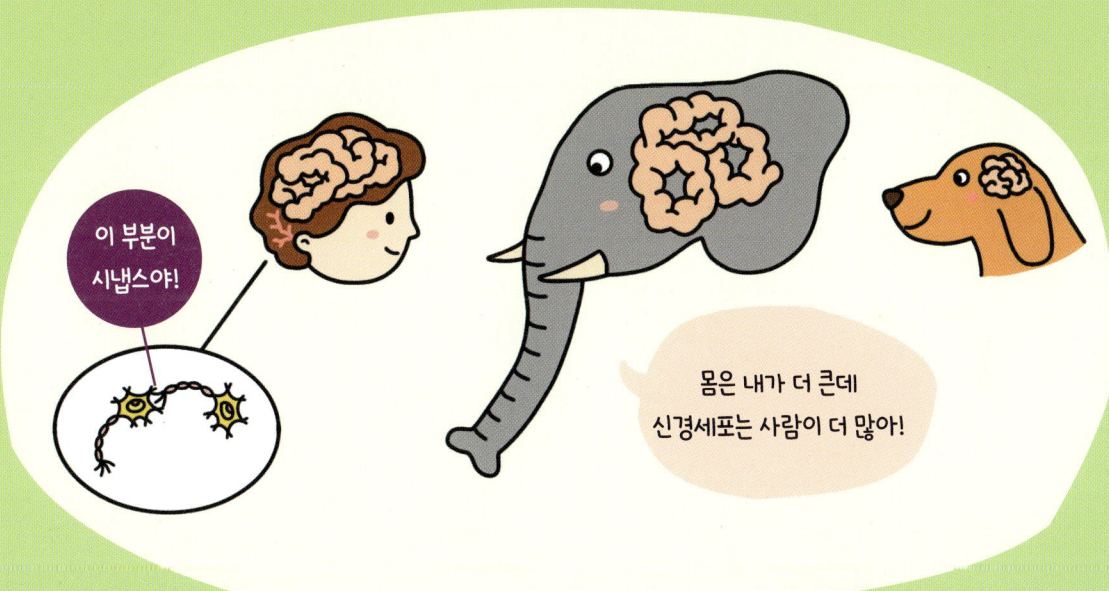

지능은 뇌의 어떤 부분과 관계가 있을까? 바로 신경세포의 수야.
사람의 신경세포는 약 1,000억 개로 다른 동물들에 비해 어마어마하게 많아.
신경세포들은 서로 복잡하게 연결되어 끊임없이 신호를 주고받는데
신경세포와 연결된 부분인 시냅스는 뇌 전체에 약 1,000조 개가 있어.

이렇게 좋은 뇌를 유지하기 위해 인간은 하루에 필요한 열량의 25%를 뇌에서 쓰고 있어.
우리가 움직일 때, 멍하니 있을 때, 잠을 잘 때도 뇌는 쉬지 않고 활동하기 때문이야.
우리의 생각과 행동을 포함해 모든 것을 결정하는 우리 몸의 대장이 바로 뇌거든!

067 얼음은 왜 물에 뜰까?

바람을 빵빵하게 불어 넣은 큰 풍선은 물에 둥둥 떠.
그런데 풍선보다 훨씬 작은 동전은 물에 가라앉아. 아주 가늘고 가벼운 핀은?
역시 물에 퐁당 가라앉지. 크기는 물에 가라앉는 것에 영향이 없나 봐.
그럼 어떤 물체가 물에 가라앉는 걸까?

물체의 밀도가 물보다 작으면 뜨고, 밀도가 물보다 크면 가라앉아.
'밀도'는 어떤 물체를 이룬 분자들이 얼마나 빽빽하게 모여 있는지를 알려주는 단위야.
밀도가 높을수록 입자들이 빽빽하게 붙어있고, 밀도가 낮을수록 멀리 떨어져 있어.

물이 얼면 부피가 커져서 병이 뚱뚱하게 부풀어!

물을 얼린 얼음은 물에 뜰까, 가라앉을까? 물이 얼 때, 물 분자들은 육각형 모양으로 달라붙어.
육각형의 한가운데는 텅 비어있지? 물 분자들은 이 빈 공간 때문에 액체일 때보다 더 멀리 떨어지게 돼.
질량은 그대로인데 부피만 커지는 바람에 물보다 밀도가 낮아져. 그래서 얼음은 물에 뜬단다.

물이 얼면서 부피가 커지는 성질 때문에
우리는 불편을 겪기도 해.
아주 추운 겨울날 갑자기 수도관이 터지기도 하거든.
수도관을 흐르던 물이 얼면서 부피가 커져서
수도관을 터뜨리는 거야.
이런 날은 일부러 따뜻한 물을 조금씩 틀어놓기도 한단다.

068 곤충에게도 귀가 있을까?

여름날 매미 소리만큼 씩씩한 소리가 있을까?
다같이 합창이라도 하는 시간에는 머리가 멍해질 지경이야.
그래도 매미에게 불평하기는 어려워.
7년 동안 땅속에서 애벌레로 지내다가 겨우 올라와 짝을 부르는 중이거든.
큰 소리로 짝을 부르는 매미는 수컷이야. 암컷은 어딘가에서 그 소리를 듣고 있겠지.
그런데 매미의 귀를 본 적 있니?

곤충의 귀는 우리 눈에 잘 안 보여.
귓바퀴도 없고, 머리에 달려 있지도 않거든.
곤충의 귀는 제각각 다른 위치에 있어.
매미의 귀는 가슴과 등 사이에 있단다.

내 귀는 등쪽에 있어!

귀뚜라미와 메뚜기의 귀는
앞다리의 긴 가운데 마디에 있는 작은 구멍이야.
구멍 안에 있는 고막과 같은
얇은 막으로 소리를 들어.

너희는 왜 귀가 없어?

내 귀는 앞다리에 있어!

모기의 귀는 수컷의 더듬이에 있어.
우리에겐 소름끼치는 암컷 모기의 날갯짓 소리를 잘 들으려고.
나방은 귀가 꼬리에 있는데, 소리는 못 듣고 초음파만 들어.
나방을 잡아먹는 박쥐의 초음파가 들리면 얼른 피하려고 말이야.

069 번개의 정체는 뭘까?

갑자기 하늘이 컴컴해지면서 폭풍우가 몰아치면 괜히 무서워.
번쩍번쩍 번개가 치고, 우르릉 쾅쾅 천둥까지 울리면 이불 속으로 쏙 숨고 싶지.
무서운 번개의 정체는 뭘까?

번개는 대기 중에 흐르는 전기 에너지야.
구름과 구름, 또는 구름과 땅 사이에 순간적으로 전기가 흐를 때 번개가 생겨.
번개의 높은 온도는 주위의 공기를 뜨겁게 만들어.
순식간에 뜨거워진 공기는 팽창하면서 주위와 부딪혀 우르릉 쾅쾅 천둥을 만든단다.

번개를 만드는 구름 속에는
물방울과 얼음알갱이들이 마구 돌아다니며
서로 부딪히고 있어.
이때 양전하(+)는 구름의 위쪽에,
음전하(-)는 아래쪽에 모인단다.

구름의 음전하가 순간적으로
땅 위의 양전하로 떨어지면 번개가 쳐.
이렇게 하늘에서 땅으로 내리치는 번개를 낙뢰라고 해.
번개는 아주 뜨거워.
땅에 떨어질 때 번개의 온도는 약 27,000℃야.

1752년 미국의 벤자민 프랭클린이 번개의 정체를 처음 증명했어.
프랭클린은 먹구름이 잔뜩 낀 날 철사를 단 연을 날려 번개를 끌어들였어. 안 다쳤냐고?
프랭클린은 번개가 전기 에너지일 것이라고 예상하고 연줄 끝에 구리 열쇠를 달아두었거든.
그의 생각대로 연에 떨어진 번개는 구리 열쇠에 모여 불꽃을 일으켰지.
번개가 전기 에너지라는 사실을 증명했어.

이 실험은 너무 위험했어.
번개는 아주 강한 전기거든.
전압이 약 1억 볼트로 우리 집에서 쓰는
전기보다 50만 배나 강하고,
주변을 30,000℃까지 데울 정도로 뜨거워.
실제로 프랭클린과 비슷한 실험을 했던
러시아의 한 물리학자는
번개에 맞아 목숨을 잃고 말았대.

너무 위험한 실험이니까 따라하면 안돼!

벤자민 프랭클린은 번개의 피해를 막을 수 있는 피뢰침도 발명했어.
피뢰침은 번개가 좋아하는 끝이 뾰족한 금속 막대기야.
피뢰침에 떨어진 번개의 전기 에너지는 땅속으로 흘러들어가 사라진단다.

070 사람의 조상은 원숭이일까?

옛날 사람들은 신이 인간을 특별하게 만들었다고 믿었어.
하지만 진화론에 따르면 인간은 신이 만든 게 아니라, 환경에 적응하며 진화한 생물일 뿐이야.
그러니 옛날 사람들에게는 진화론이 얼마나 충격이었겠니! 사람들은 진화론을 비판하며 물었어.
"그럼 사람의 조상이 원숭이란 말이오?" 정말 우리의 조상은 원숭이일까?

사람의 조상은 원숭이가 아니야. 사람과 원숭이가 같은 조상에서 나누어졌을 뿐이야! 헷갈린다고?
지구에 맨 처음 생명체가 생겼을 때를 거슬러 올라가 보면 알게 될 거야.
약 46억 년 전 지구가 처음 생겨났을 때 지구에는 생물이 없었어.
지구가 너무 뜨거운 돌덩어리라 아무도 살 수 없었지.
38억 년 전쯤 바다에서 우연히 세포가 생겨났는데,
이 단순한 세포가 지구에 사는
모든 생물의 공통 조상이야.

우리는 사람의 조상이 아니지만, 같은 조상에서 나누어졌어.

오랑우탄

고릴라

사람

최초의 세포는 환경에 적응하면서 점점 바뀌었어. 아주 오랫동안, 아주 천천히!
환경에 적응하지 못한 생물은 멸종하고, 적응한 생물은 환경에 맞게 진화하고 또 진화했지.
그 결과 지구에는 지금처럼 다양한 생물이 살게 되었어.

다시 사람과 원숭이의 관계로 돌아가보자. 조상의, 조상의, 조상으로 따지고 올라가면,
약 2천만 년에서 5천만 년 전쯤 사람과 원숭이의 공통 조상이 있어.
그보다 더 오래전으로 거슬러 올라가면 지구의 모든 생물의 공통 조상인 세포 1호를 만날 수 있겠지!

 사람

071 내 목소리를 녹음해서 들으면 왜 어색할까?

"내가 목소리는 좀 괜찮지!"
평소에 자랑스럽게 생각했는데 녹음한 내 목소리를 처음 들은 날, 깜짝 놀랐어.
내 목소리가 너무 높고 괴상하게 들렸거든.
하지만 친구들은 녹음된 내 목소리가 하나도 이상하지 않대.
내 목소리는 원래 그렇대. 내 목소리는 원래 이런 걸까, 나에게만 이상하게 들리는 걸까?

목소리는 목에 있는 성대를 울려서 입 밖으로 나온 다음
공기를 통과해 상대방에게 들려.
공기가 없는 곳에서는 아무 소리도 들을 수 없어.
예를 들면 우주공간 같은 곳 말이야.
하지만 자신의 목소리는 조금 다른 방식으로 듣게 돼.

> 귀가 아니라 뼈의 울림으로 소리를 듣는 골전도 헤드폰도 있어.

> 이 낯선 목소리가 정말 내 목소리야?

성대를 통과하여 공기를 지나 내 귀로 들어오는 소리와 함께,
내 턱뼈와 근육 등을 울리며 나오는 진동을 같이 들어.
그래서 몸속으로 전달되는 소리는 낮은음이 잘 전달되어서,
성능 좋은 스피커처럼 목소리를 더 풍부하고 깊게 만들어 줘.
그래서 내 목소리가 내 귀에는 더 낮고 울림이 있는
듣기 좋은 목소리로 들린단다.

072 마음대로 날씨를 바꿀 수 있을까?

옛날에는 가뭄이 들면 비를 내려달라고 하늘에 기우제를 지냈어.
날씨를 사람들 마음대로 바꿀 수 없었으니까. 지금은 날씨 바꾸는 기술이 개발되었어.
비도 만들고, 눈도 만들고, 구름을 없앨 수도 있지. 어떻게 하는 걸까?

인공 비는 잔뜩 낀 구름 위에 비의 씨앗을 뿌려서 만들어.
비의 씨앗은 수분을 뭉치게 하는 성질이 있는 요오드화 은이나 드라이아이스, 염화칼슘 등이야.
비의 씨앗에 구름알갱이가 붙어서 무거워지면 인공 비가 되어 떨어져.

인공 비는 아무때나 마구 만들어 낼 수는 없어.
습기를 머금은 구름은 많은데, 습기를 똘똘 뭉쳐줄 비의 씨앗이 없을 때만 만들 수 있어.
구름이 많지 않은 건조한 지역에서는 아무리 가뭄이 심해도 인공비를 만들 수 없어.
미래에는 구름이 없는 하늘에 구름을 만들어내는 기술도 개발되겠지.
그러면 가뭄이 심한 지역에도 인공 비를 뿌릴 수 있을 거야.

인간이 필요할 때마다 마음대로 날씨를 바꿔도 될까?
화학 물질인 비의 씨앗이 많이 떨어지면 땅이 오염될 수도 있고,
한 지역에서 구름을 모아 비를 만들면, 구름을 뺏긴 다른 지역에는 가뭄이 들수도 있거든.

동물

073 박쥐는 무엇으로 세상을 볼까?

박쥐는 참 알 수 없는 동물이야. 새처럼 잘 나는데 새가 아니라 포유류거든.
밤에도 사냥을 잘 하는데, 눈이 어두워서 앞을 잘 못 본대.
그럼 박쥐는 도대체 어떻게 사냥을 하는 걸까?

박쥐는 눈 대신 귀로 세상을 봐.
입으로 큰 소리를 내서 그 소리가
어딘가에 부딪혀 돌아오는 울림으로
세상을 느껴. 사냥감은 어디 있는지,
비행을 방해하는 장애물은
어디 있는지 정확히 알아내.
소리를 여러 번 이어 내면
움직이는 먹이도 금방 찾아내지.

박쥐가 내는 소리는 엄청나게 크대. 하지만 사람이 듣지 못하는 초음파라서, 우리 귀에는 안 들려.
박쥐는 초음파를 이용해 사냥을 해.
눈이 안 보여도 초음파로 사냥감의 위치를 금방 파악하지.

박쥐처럼 초음파로
세상을 보는 동물은 또 있어.
그 주인공은 바다에 살고 있지.
우리가 잘 아는 돌고래도
초음파로 세상을 봐.
초음파로 물고기를 사냥하고,
친구가 어디에 있는지 찾기도 해.

074 사람이 느낄 수 있는 맛은 몇 가지일까?

우리가 느낄 수 있는 맛의 종류는 몇 가지나 될까? 우리가 먹는 음식이 백 가지는 넘을 테니까, 우리가 느낄 수 있는 맛도 백 가지가 넘을까? 사실은 다섯 가지 맛만 느낄 수 있어. 어떤 맛일까?

우리가 느낄 수 있는 다섯 가지 맛은 바로 단맛, 짠맛, 신맛, 쓴맛, 감칠맛이야.
그동안은 우리가 느낄 수 있는 맛이 단맛, 짠맛, 신맛, 쓴맛, 네 가지인 줄 알았는데,
최근에는 감칠맛도 포함되었어. 맛을 느끼는 데 가장 중요한 역할을 하는 건 미뢰야.
미뢰는 혀의 오돌토돌한 돌기 위에 있어. 혀의 가운데 부분을 뺀 나머지 전체에 퍼져 있는데
특히 혀끝이 예민해서 혀끝으로 가장 맛을 잘 느낄 수 있어.
단맛도, 짠맛도, 감칠맛과 쓴맛, 신맛도 혀 끝에서 가장 잘 느껴져.

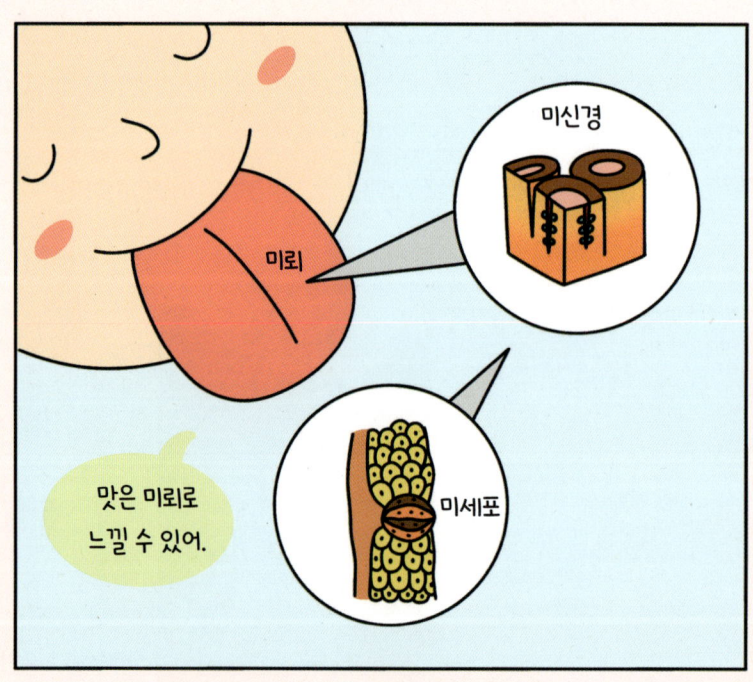

우리가 느끼는 풍부한 맛은 미뢰로 느끼는 다섯 가지 맛으로만 설명할 수는 없어.
맛과 함께 음식의 냄새, 씹을 때 혀의 감각, 눈으로 보는 느낌,
음식에 대한 기억, 문화적인 경험 등이 모두 합쳐져 느끼기 때문이야.

075 사람은 언제까지 자랄까?

어른이 되면 할 수 있는 일이 많을 것 같아. 빨리 자라서 어른이 되고 싶지 않니?
생일이 지났는데 하나도 안 큰 것 같다고? 조바심 내지 않아도 돼.
어린이는 당연히 자라서 어른이 되니까. 자라지 않고 영원히 어린이인 사람도 있을까?

그런 사람은 없어. 정도가 다를 뿐 모두 자란단다.
'자란다'는 건 세포의 수가 많아진다는 뜻이야.
사람을 비롯한 생물들은 다 아주 작은 세포로 이루어져 있어. 세포는 둘로 갈라지는 세포분열로 수를 늘려.
아기들은 세포의 수가 늘어나면서 자라는 거야.

사람은 급하게 자랐다 천천히 자랐다를 반복하며 어른이 돼. 태어나서부터 2년 동안 급격하게 자라고,
사춘기 이전까지 천천히 자라다가 사춘기 때 또 한 번 아주 많이 자란단다.
그 후로는 천천히 자라서 어른이 돼. 어른이 되면 더는 자라지 않아.
사람뿐 아니라 포유류는 다 이런 식으로 자란단다.

성장이 끝나고 어른이 되어도, 몸속에서는 세포분열은 계속 이루어져.
새로운 세포가 계속 만들어지지만, 새로 만들어지는 세포보다
죽는 세포가 더 많아서 자라지 않고 늙는 거야.

076 공기에도 무게가 있을까?

눈에는 보이지 않지만, 우리를 빽빽하게 둘러싼 것이 있다면 믿을 수 있겠니? 그건 바로 공기야.
우리뿐만 아니라 지구 주변도 동그랗게 둘러싸고 있단다.
지구를 둘러싼 공기는 대기라고도 해.
우리가 숨을 쉴 수 있도록 도와주는 대기는 무엇으로 이루어졌을까?

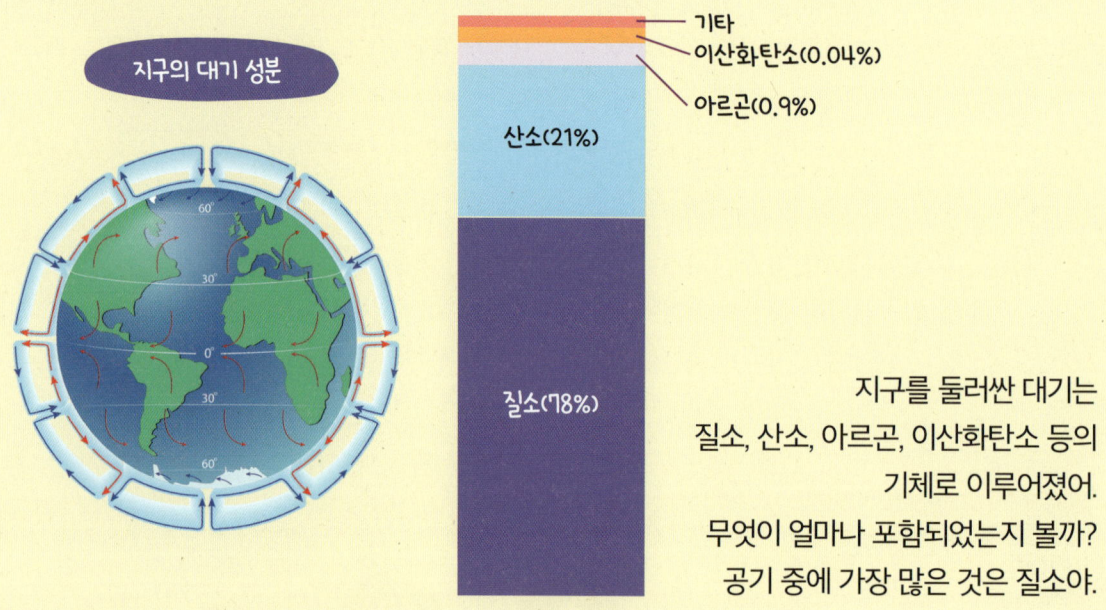

지구를 둘러싼 대기는
질소, 산소, 아르곤, 이산화탄소 등의
기체로 이루어졌어.
무엇이 얼마나 포함되었는지 볼까?
공기 중에 가장 많은 것은 질소야.

우리는 움직일 때마다 공기를 밀어내면서 헤치고 나아가. 한 번도 공기를 느낀 적이 없다고?
거의 1,000km 높이에서 우리 머리 위를 누르는 공기의 무게를?

당연해. 우리는 공기의 무게를 거의 느끼지 못해. 공기가 너무 가벼워서 그럴까?

공기가 아주 가볍지는 않아. 교실에 가득 찬 공기의 무게를 모두 더하면 200kg정도 된단다.
우리 반 친구들 5~6명의 몸무게를 합친 것만큼이나 많지.
그런데도 공기의 무게를 느끼지 못한 채 교실에서 즐겁게 공부를, 아니 즐겁게 놀 수 있는 이유는 뭘까?

일단 공기는 교실의 바닥과 벽까지 넓게 퍼져서 한 사람만 강하게 누르지는 않아.
또 공기가 밖에서 누르는 힘과 똑같이 우리 몸에서도 밖으로 힘을 쓰고 있어.
양쪽에서 미는 힘이 똑같아서 우리는 공기의 무게를 못 느끼며 살아.

077 죽지 않는 동물도 있을까?

오래 살기로 이름난 바다거북은 200살 가까이 산대. 그리고 몇 년 전에 잡힌 그린란드 상어는 500살이 넘게 살았다고 해. 하지만 이렇게 오래 사는 동물도 언젠가는 죽을 거야. 영원히 사는 동물은 없거든. 모두가 이렇게 생각했는데, 죽지 않는 동물이 발견되었어. 누구일까?

몸길이가 겨우 5mm인 작은보호탑해파리가 바로 그 주인공이야. 보통 해파리들은 원통 모양의 작은 폴립으로 바위 같은 데 붙어 있다가 어른 해파리가 되고 나서 번식을 해.

작은보호탑해파리는 번식 후 다시 폴립으로 돌아가 바위에 붙어있다가 또 자라서 어른 해파리가 되기를 반복해. 환경이 나빠져 살기 어려워지면 폴립으로 되돌아갔다가 좋아지고 나서 다시 자라나 어른 해파리가 되고… 죽지 않고 영원히 그 과정을 반복하는 거야.

해파리가 죽지 않고 계속 나오는데, 바다는 왜 해파리 세상이 되지 않았냐고? 영원한 생명도 잡아먹히지 않았을 때의 얘기야. 바다거북같은 천적이 한입에 꿀꺽 먹어버리면, 폴립으로 돌아갈 새도 없이 해파리도 죽고 말지.

작은보호탑해파리가 영원히 사는 모습은 실험실의 수족관에서 관찰된거야. 자연 상태에서도 영원히 살 수 있는지는 확인하지 못 했단다.

078 인공지능은 사람보다 똑똑할까?

"시리야, 세계에서 가장 긴 강이 뭐야?"
"아리야, 사랑해를 스페인어로 번역해 줘."
궁금한 게 있으면 인공지능 스피커에게 물어봐. 뭐든지는 아니고,
인터넷에 나온 것은 다 알려줄 거야.
인공지능 스피커는 어떻게 이렇게 많은 걸 알고 있을까?

인공지능은 사람처럼 생각하게 만든 기계야.
인터넷에 쌓인 많은 정보를 통해 스스로 배우고, 생각하고, 추리하고, 판단하게 만들었어.
그래서 사람보다 더 똑똑해졌을까?

2016년, 인공지능 알파고와 바둑 챔피언 이세돌이 바둑 대결을 했어.
모두 다섯 판을 뒀는데, 알파고가 네 판을 이겼단다. 이 대결을 본 전세계 사람들은 큰 충격을 받았어.
바둑은 매우 복잡하고, 창의적인 게임이라 당연히 사람이 이길 줄 알았거든.

2017년에는 인공지능 번역기와 사람 번역가가 대결을 벌였는데 사람 번역가가 이겼어.
아마존이라는 미국 회사에서는 택배 보낼 물건을 인공지능이 분류하고 있어.
의사, 변호사, 기자로 활동하는 인공지능도 있단다. 이만하면 인공지능이 사람보다 더 똑똑한 것 같다고?
아직은 아니야. 하지만 인공지능 기술은 빠르게 발전하고 있으니 미래에는 누가 더 똑똑할지 모르겠어.

 우주

079 달에 찍힌 발자국은 지금도 남아있을까?

1969년 7월 16일 13시 32분 0초. 처음으로 달에 발을 내딛게 될 사람을 태운 우주선이 지구를 벗어나 달을 향해 날아갔어. 이 역사적인 우주선은 무엇이었을까?

바로 미국의 우주선 아폴로 11호야.
달 탐사를 위해 지구에서 38만km 떨어진 달을 향해 출발했어.
아폴로 11호는 3일 동안 우주를 날아서 무사히 달에 도착했어.

인류 최초로 달에 첫발을 내디딘 지구인은 아폴로 11호의 선장 닐 암스트롱이고, 두 번째로 달을 밟아 본 지구인은 달 착륙선 조종사 버즈 올드린이야.

닐 암스트롱이 남긴 최초의 발자국은 어떻게 되었을까? 아직도 달 표면에 그대로 찍혀 있단다.
달에는 바람이 불지 않기 때문에 수천 년이 지나도 발자국이 사라지지 않거든.

버즈 올드린

내 발자국은 아직도 달에 남아 있어.

닐 암스트롱

 우주

080 달에 가본 사람은 몇 명일까?

지금까지 달을 밟아본 지구인은 딱 12명이야. 아폴로 우주선을 타고
달에 다녀온 우주 비행사들이지.
달을 밟아보지는 못했지만 달에 다녀온 사람들이 더 있다는 걸 알고 있니?

아폴로 계획에 따라 달에 간 사람은 총 27명이야.
아폴로 8호와 아폴로 10호는 달 궤도만 돌고 돌아왔어.
달에 무사히 다녀올 수 있을지, 착륙 지점은 안전한지
살펴보고 연습하러 간 거야.
이후에 달에 간 아폴로 11호, 12호, 14호, 15호, 16호, 17호는
달에 무사히 착륙해서 관찰했단다.

모두 여섯 차례 사람이 달에 내려서 직접 탐사할 수 있었어.

아폴로 우주선에는 우주인이 3명 탔는데, 2명은 착륙선을 타고 달에 내렸어.
나머지 1명은 사령선을 타고 달 궤도를 돌며, 달 탐험을 마치고 돌아올 동료들을 기다렸단다.
그래서 달을 밟은 지구인은 딱 12명뿐이야.
아폴로 13호는 달의 궤도까지 갔다가 문제가 생겨서 착륙하지 못하고 돌아왔어.

1972년 아폴로 17호가 마지막으로 달에 다녀온 뒤 지구인은 달과 화성은 물론이고
우주의 다른 천체에 한 번도 가지 못했어. 달에도 다시 가지 않았고, 화성에도 아직 못 가봤단다.
하지만 달과 화성에 가겠다는 우주 계획이 발표되는 것으로 보아 곧 가게 되겠지?

 지구

081 지구는 왜 점점 더워질까?

해마다 '올겨울은 별로 춥지 않네.'라고 말하게 돼. 지구 온난화 현상 때문인가 봐.
지구 온난화는 기온이 점점 높아져 지구가 온실처럼 따뜻해지는 현상이야.
이런 현상은 왜 일어나는 걸까?

지구는 대기로 둘러싸여 있어.
대기는 태양으로부터 받은 열이 날아가는 것을 막아서, 지구를 따뜻하게 유지해.
그런데 대기 중에 이산화탄소가 많으면, 태양열을 지나치게 많이 가둔단다.
갇힌 태양열이 지구를 마치 온실처럼 후끈후끈하게 만들어.

- 바닷물의 온도가 오르면, 습도가 높아져 슈퍼 태풍을 만들어 내.
- 생태계를 변화시켜 멸종하는 생물들이 더 많아질 거야.
- 빙하가 없으면 우리는 사냥을 못 해.
- 극지방의 빙하가 녹아내려 해수면이 높아지면 낮은 곳에 있는 땅들은 가라앉게 돼.

그런데 따뜻하면 좋은 거 아닐까? 지구 온난화를 왜 걱정하지?
지구의 평균 기온이 올라가면 기후가 변화하여 자연재해가 자주 일어나게 돼.
인류의 잘못으로 생긴 지구 온난화 때문에 지구의 여러 생물들이 함께 위험에 처하게 되었어.

082 우주 쓰레기는 누가 버렸을까?

우주 멀리서 지구를 보면 어떤 모습이었는지 기억 나니? 맞아, 푸른 유리구슬같은 모습이었어.
그런데 지구 주변에 반짝이는 작은 점들이 많이 있는 게 보여. 무엇일까?

우주 쓰레기는 다 지구에서 쏘아 올린 것들이야. 우주선도, 인공위성도 아니고 왜 쓰레기를 쏘아 올렸냐고?
처음부터 쓰레기는 아니었지. 원래는 지구를 관찰하고, 우주를 연구하는 최첨단 인공위성이었어.
지금까지 인류가 쏘아올린 인공위성은 약 7,900기야.
현재 정상적으로 작동하는 것은 약 1,900기고,
나머지는 고장났거나 배터리가 없는 상태야.

멀리서 보면 별처럼 보이지만 우주 쓰레기야.

고장난 인공위성들은
바다에 빠뜨리기도 하고,
우주왕복선에 실어 지구로 가져오기도 했어.
하지만 그 비용이 너무 많이 들어서 가져오지 못하고,
많은 양이 그대로 남아 우주 쓰레기가 되었단다.

우주 쓰레기는 속도가 아주 빨라.
우주선이나 인공위성과 부딪히면
큰 사고를 낼 수도 있단다.
우주 쓰레기가 국제우주정거장으로 돌진하는 바람에
긴급 대피를 한 적도 있어.
우주 쓰레기를 싹 청소하면 되지 않겠냐고?
비용도 많이 들고 기술 개발도 쉽지 않아서,
시간이 더 걸릴 것 같아.

083 가장 강한 독을 가진 동물은 누굴까?

점심으로 담백한 복어 맑은 탕을 먹었다면, 너는 세상에서 가장 용감한 사람이야.
복어의 몸에는 테트로도톡신이라는 무시무시한 독이 있거든. 복어를 먹으면 큰일나는 거 아니냐고?
안심해도 괜찮아. 복어의 독은 내장과 알에만 있어서 복어 살만 먹으면 괜찮으니까.
바다에서 헤엄치다 복어를 마주쳐도 위험하지 않아. 복어의 지느러미나 껍질에도 독은 없거든.
그럼 가장 강한 독을 가진 건 누구일까?

바다에서 만나면 안 될 동물은 유령은
치렁치렁한 머리카락 같은 촉수를 자랑하는 상자 해파리야.
상자 해파리에게 심하게 쏘이면 심장마비로 죽을 수도 있어.
살짝 쏘여도 전기가 통한 것처럼 강한 충격을 받고 정신을 잃기도 해.
바닷속에서 정신을 잃으면… 으윽!
상상만해도 끔찍하지 않니?

육지에도 독사, 독거미 등 강한 독을 가진 동물이 많아.
그중에서도 남아메리카 대륙의 정글에 사는 독화살 개구리의 독은 최악이야.
알록달록한 피부에 묻은 독으로 눈꼽만큼만 찔려도 죽을 수 있어.
옛날 원주민들은 이 강력한 독을 화살에 발라 독화살을 만들었대.
살면서 이렇게 무서운 동물들은 안 만났으면 좋겠다.

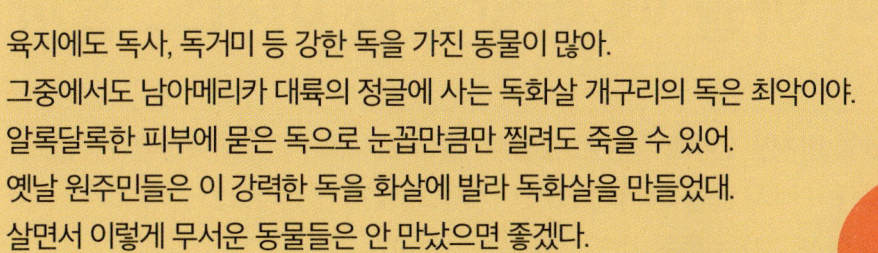

다양한 독개구리들

084 목이 마를 때 바닷물을 마셔도 될까?

목이 마르다고 바닷물을 마시면 안 돼. 갈증이 점점 더 심해져. 그럼 더 많이 마시면 된다고?
바닷물도 물이니까 갈증이 나지 않을 때까지 많이 마시면 괜찮지 않겠냐고?
하지만 바닷물을 계속 마셨다가는 죽을 수도 있어. 왜 그럴까?

소금은 우리 몸에 꼭 필요하지만, 바닷물 속에는 너무 많이 들어있거든.
바닷물에는 약 3%의 소금이 들어있고, 우리 몸에는 약 0.9%의 소금기가 있어.
바닷물을 마셔서 소금기가 우리 몸에 너무 많이 들어오면, 오줌으로 배출해.
일정한 소금기를 유지하기 위해 오줌으로 넘치는 소금기를 내보내는 거야.

바닷물을 먹으면 먹을수록, 소금을 더 많이 내보내야 해서 오줌을 더 많이 눠야 해.
결국 몸속의 물이 지나치게 많이 빠져나가게 되어 우리는 심각한 갈증을 느껴.
몸속의 물이 5% 이상 부족하면 정신을 잃고, 12% 이상 부족하면 죽게 돼.
그러니까 아무리 급해도 바닷물을 먹지 않아야겠지?
사실 바닷물은 너무 짜서 일부러 먹으려고 해도 먹기 힘들어.

085 흰 구름과 먹구름은 왜 색이 다를까?

하늘에 먹구름이 잔뜩 끼면 우산을 준비해야 해. 곧 비가 올 테니까.
먹구름은 우산을 준비하라는 하늘의 신호인가 봐. 그럼 흰 구름은 소풍을 가라는 하늘의 신호일까?
똑같이 하늘이 생기는 건데 왜 두 구름은 색깔이 다를까?

흰 구름은 하늘 높이 뜬 구름이야. 높은 구름은 가벼워서 햇빛을 잘 통과시켜.
그러면 빛은 넓게 흩어져서 서로 겹쳐져.
빛이 겹치면 우리 눈에 흰색으로 보이기 때문에 높게 뜬 구름은 흰색으로 보이는 거야.

먹구름은 물방울이 서로 뭉쳐지며 무거워서 땅으로 가까이 내려온 구름이야.
이 무거운 구름에 땅에서 증발된 수증기까지 붙으면 더 무겁고 두터워져.
두터운 구름은 햇빛을 흩트리지 못하고 흡수하기 때문에 어두운 먹구름이 되지.

먹구름은 빛을 흡수해!

흰 구름은 빛이 통과해!

이런 구름들은 어떻게 만들어질까? 구름은 공기 속 수증기가 하늘 높은 곳으로 올라가서 생겨.
높은 곳은 추워서 수증기가 물방울과 얼음알갱이로 변하거든. 물이랑 얼음이 어떻게 둥둥 떠있느냐고?
구름에 뭉친 물방울과 얼음알갱이는 아주 가벼워. 100만 개가 모여도 1g밖에 안 된대.

 우주

086 우주 로켓은 얼마나 빨라야 지구를 벗어날 수 있을까?

지구는 중력이라는 강력한 힘을 가지고 있어. 중력은 지구 위의 모든 것을 꽉 붙들고, 지구 밖으로 내보내지 않아. 중력이 없다면 우리를 둘러싼 공기도 벌써 다 날아갔을 거야. 그럼 우리도, 다른 동식물도 지구에 살지 못 했겠지? 고마운 중력이 방해가 될 때도 있을까?

로켓이 1초에 16.7km의 속도로 날아가면
태양계의 모든 중력을 뚫고 태양계를 탈출할 수 있어.
이 속도를 제3우주속도라고 해. 아직 이 속도를 낼 수 있는 기술은 없어.

제3우주속도

로켓이 1초에 11.2km의 속도로 날아가면
지구 중력권을 벗어나 다시는 지구에 돌아오지 않아.
이 속도를 제2우주속도라고 해.

제2우주속도

로켓이 1초에 7.9km의 속도로 날아가면 대기권을 통과해 우주로 나갈 수 있어.
하지만 지구 중력의 영향을 벗어나지 못해서 지구 주위를 뱅뱅 돌지.
이 속도를 제1우주속도라고 해. 궤도 속도라고도 한단다.

제1우주속도

고마운 중력은 우주 탐험의 가장 큰 방해물이야.
우주로 날아가야하는 로켓조차 꽉 붙들고 놓아주지 않거든.
우주 로켓이 중력을 이기기 위해서는 아주 빠른 속도가 필요해.

087 복제 인간을 만들 수 있을까?

1996년 영국에서 '돌리'라는 복제양이 태어났어.
돌리가 태어났을 때 전 세계 과학자들은 깜짝 놀랐어.
이전에도 복제쥐와 복제양 등이 있었지만, 돌리는 다른 복제 동물들과는 달랐기 때문이야.
무엇이 달랐을까?

돌리 이전의 복제 동물들은 모두 수정란을 복제했어.
다 자란 포유류의 체세포를 복제해서 무사히 태어나게 한 것은 돌리가 처음이었지.
물론 아주 어려운 일이었대. 무려 276번을 실패하고 277번째에 겨우 성공했거든.

어렵게 성공한 돌리의 탄생은
체세포(젖샘세포)를 준 양, 난자를 준 양, 체세포와 난자가 결합한 배아를 키운 대리모양,
이렇게 세 마리의 양이 고생한 결과야.

양을 복제할 수 있다면 인간 복제도 가능하지 않을까? 과학기술만으로는 가능할지도 몰라.
하지만 과학자들은 인간은 물론이고 인간과 가까운 영장류도 복제하지 말자고 약속했어.
소중한 생명을 실험실에서 만들어내는 일이 도덕적으로 옳지 않다고 판단했기 때문이야.

088 시간 여행은 가능할까?

과거에 잘못한 일이 후회될 때, 미래의 내 모습이 궁금할 때 살짝 시간 여행을 갈 수 있으면 얼마나 좋을까? 아쉽게도 아직은 시간여행을 할 수 없어. 언젠가는 시간 여행을 할 수 있을까?

최고의 물리학자로 꼽히는 아인슈타인은 시간 여행의 가능성에 대해 말한 적이 있어.
빛보다 빠른 우주선이 있다면, 그 우주선 안에서는 시간이 천천히 흐른다고 말이야.
빛보다 빠른 우주선을 타고 10년 동안 우주여행을 하고 돌아오면 지구는 몇십 년이 흐른 미래가 되는 거야.
만약 쌍둥이 중 한 명이 그런 우주선을 타고 20년 동안 우주에 다녀온다면,
우주인 쌍둥이의 시간은 천천히 흐르고 지구에서의 시간은 그대로 흘러서,
지구에 남았던 쌍둥이가 훨씬 늙어 있을 거야.

실제로 지구의 자전 속도보다 약 10배 빠른 GPS위성의 시계는
보통 시계보다 매일 7마이크로초씩 느려지고 있어.
1마이크로초가 100만분의 1초니까 아주아주 조금씩 느려지고 있는 거야.
이렇게 시간이 느려지는 현상을 이용하면 미래에는 시간여행을 할 수 있을지도 몰라.
하지만 아직까지는 빛보다 더 빠른 우주선을 만들지 못하기 때문에 불가능해.

 동물

089 덩치가 큰 동물은 똥도 오래 눌까?

너희도 더 어렸을 때는 똥 이야기를 엄청 좋아했을 걸?
지금은 학교에서 똥도 안 누려고 하고, 똥이란 말만 나와도 기겁을 하지만!
똥은 누구나 누는데 말이야. 육지에서 가장 큰 코끼리도, 아주 작은 꼬마뒤쥐도 모두 다 똥을 눠.
육지에 사는 동물들 중 누가 가장 똥을 많이 눌까?

코끼리는 하루에 130kg의 먹이를 먹고 100kg이 넘는 똥을 눠. 똥 많이 누기로 일등이야.
그나마 코끼리가 초원을 돌아다니며 똥을 눠서 다행이지,
우리처럼 화장실을 쓰면 하루 만에 변기가 막히고 말겠지!
똥 많이 누기로 둘째가라면 서러운 소는 먹은 양보다 똥의 양이 더 많아.
소는 물을 많이 마셔서 물도 섞여 나오고,
위 속에 들어있는 미생물들도 똥에 섞여 나오기 때문이야.

누는 양은 서로 달라도 시간은 비슷해!

12초면 충분하지!

똥을 많이 누면 시간이 오래 걸릴까?
한 덩어리에 700g을 철푸덕 누는 코끼리나 아주 적게 누는 꼬마뒤쥐나 사람이나,
포유류의 똥 누는 시간은 다 비슷해. 보통 12초 만에 똥이 다 나와.
대장과 항문 사이에 있는 직장에서 끈적끈적하고 미끌미끌한 분비물이 나와서
똥이 항문을 부드럽게 쑥 통과하도록 도와주거든. 물론 변비가 없이 건강할 때 얘기란다!

090 미래에는 어떤 에너지를 사용할 수 있을까?

석탄과 석유 같은 화석 에너지는 값싸고 편리하지만 환경을 오염시켜.
게다가 머지않은 미래에 사라질 거야. 우리가 다 써버릴 테니까.
석탄과 석유 같은 화석 연료를 이용한 에너지가 사라지면 어떻게 될까?

화석 연료는 양이 한정되어 있어. 그래서 언젠가는 다 쓰게 될 거야.
지금 같은 속도로 연료를 쓴다면 석유는 2050년쯤, 천연가스는 2150년쯤,
석탄은 2300년쯤에 완전히 없어질 수도 있어.

땅에너지
따뜻한 땅속의 온도를 이용한 에너지야.

노르웨이의 땅에너지 발전소

수력에너지
높은 곳에서 물을 떨어뜨려 그 차이를 이용해
전기를 생산하지만, 댐을 만들어야 해서
환경 파괴를 일으키기도 해.

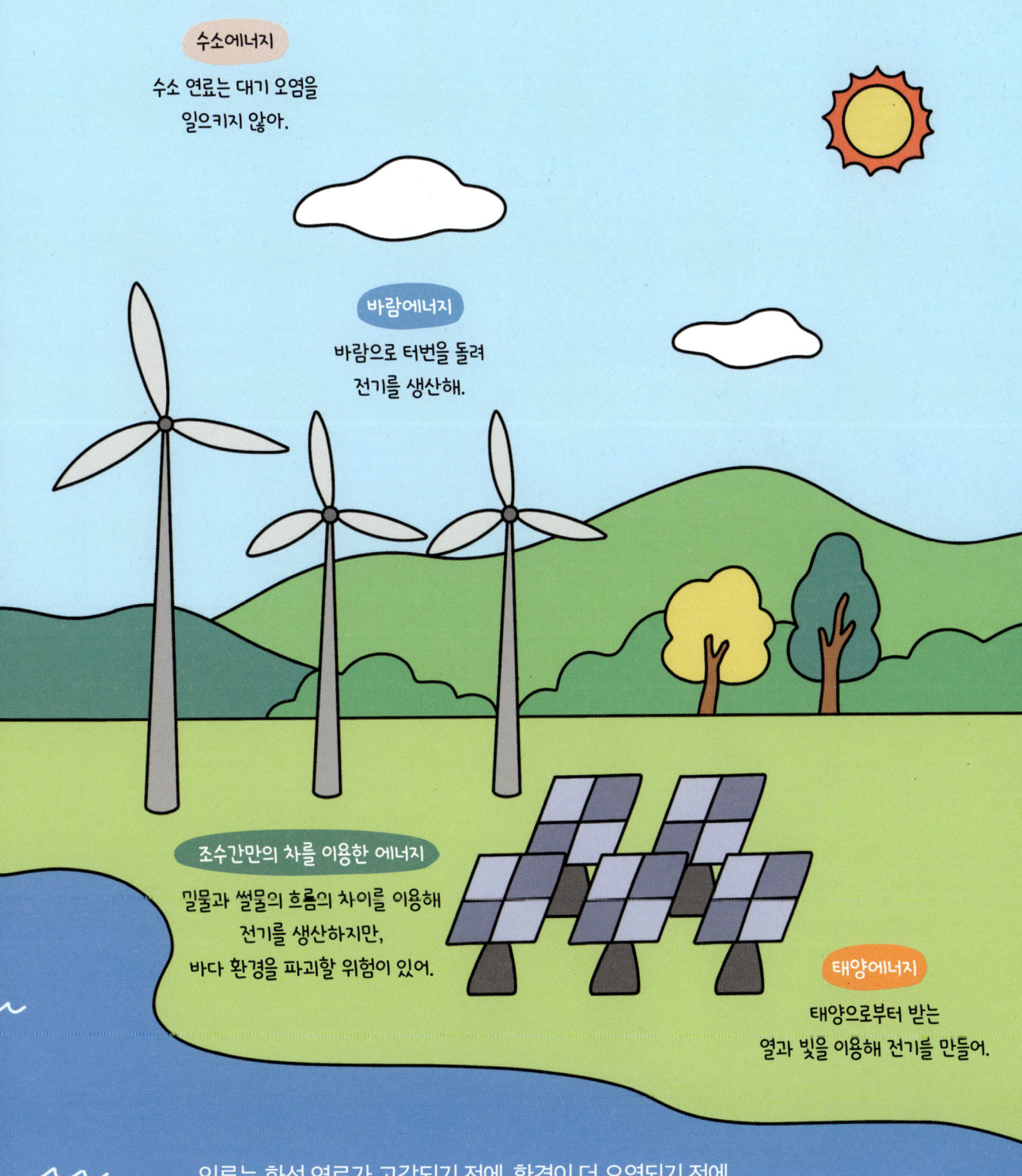

091 지구에서 가장 멀리 날아간 우주선은 무엇일까?

지구에서 쏘아올린 우주선이나 인공위성은 얼마나 먼곳까지 갈 수 있을까?
그동안 사람들이 만든 인공물을 통틀어 가장 멀리 날아간 것은 우주 탐사선 보이저 1호야.
태양계를 벗어나 먼 우주를 탐사하고 있는 보이저 1호는 언제 지구를 떠났을까?

내 플루토늄 전지는 언제 끊어질지 몰라.

보이저 1호는 미국에서 발사한 무게 722kg의 무인 탐사선이야.
미국의 우주 탐사계획에 따라 보이저 1호는 1977년 9월 5일에 지구를 떠났어.
목성과 토성의 주위를 지나며 이 행성들과 위성들의 자료와 사진을 지구로 전송했어.
행성 탐사 임무가 끝난 뒤에는 태양계의 끝으로 계속 날아가 2012년에 태양계를 벗어났어.
보이저 1호는 현재 태양에서 약 227억km 떨어져 있어.

보이저 1호

보이저 2호는 2018년 태양계를 벗어났어.
보이저 2호는 천왕성과 해왕성의 곁을 지나며 보이저 1호와 반대편으로 떠났단다.

골든 디스크에는 외계인에게 전하는 메시지가 담겨있어!

보이저 호에는 외계인에게 전하는 특별한 메시지가 담겨있어.
지구의 사진과 55개의 언어로 전하는 인사말,
지구를 표현한 소리들, 음악들을 골든 디스크에 담아 실었거든.
외계인이 지구의 존재를 알게 되면, 얼마나 신기할까?

골든 디스크

092 우주여행은 우리 몸을 어떻게 바꿀까?

누구나 우주여행을 갈 수 있는 시대가 곧 열릴 거야. 우주여행을 꿈꾼다면 몸부터 튼튼하게 만들자.
우주의 무중력 환경이 우리의 몸을 변화시키니까 말이야. 우리 몸은 우주에서 어떻게 변할까?

우주에 가면 심장이 좀 약해지고 작아질 거야. 근육과 뼈도 지구에서보다 더 약해질 지도 몰라.
우주 공간에서는 몸이 중력에 맞서 힘을 쓰지 않기 때문이야.
뼈에서 칼슘과 미네랄이 빠져나가는 우주 골다공증도 생겨.
그래서 우주인들은 날마다 몸을 튼튼하게 하기 위해 일부러 운동을 한단다.

우주에 가면 키는 좀 클 거야.
적게는 3cm, 많게는 7cm정도.
이건 좀 마음에 든다고?
척추 사이의 연골이 늘어나서
키는 커지지만
근육은 늘어나지 않아서
허리가 아프대.

우주에 가면 좀 젊어진대. 국제우주정거장에서 340일을 머문 우주비행사 스콧 켈리와
쭉 지구에만 있었던 일란성쌍둥이 형제의 유전자를 비교해 봤더니 우주비행사의 유전자가 덜 늙어 있었어.

하지만 우주에서 일어난 몸의 변화가 지구에서 계속 유지되지는 않아.
어느 정도 시간이 지나면, 키도 원래대로 줄어들고, 근육과 뼈도 원래대로 튼튼해지고,
젊어진 유전자도 다시 제 나이로 돌아간단다.

 사람

093 심장은 1분에 몇 번이나 뛸까?

내 심장이 몇 번이나 뛰는지 알고 싶으면 손목 안쪽에 엄지손가락을 대봐. 뭔가 느껴지지? 바로 맥박이야. 맥박은 심장이 한 번 뛸 때마다 동맥으로 피가 지나가며 출렁거리는 파동이야. 그래서 맥박 수는 심장박동 수와 같아. 우리의 심장은 하루에 몇 번이나 뛸까?

어린이의 심장은 1분에 약 80~90번, 어른의 심장은 60~80번 뛰어. 힘껏 달리고 나면 1분에 200번까지 뛰기도 해. 달리느라 산소를 너무 많이 써서, 산소를 채워주기 위해 빨리 뛰는 거야. 심장은 하루에 약 10만 번 뛰어.

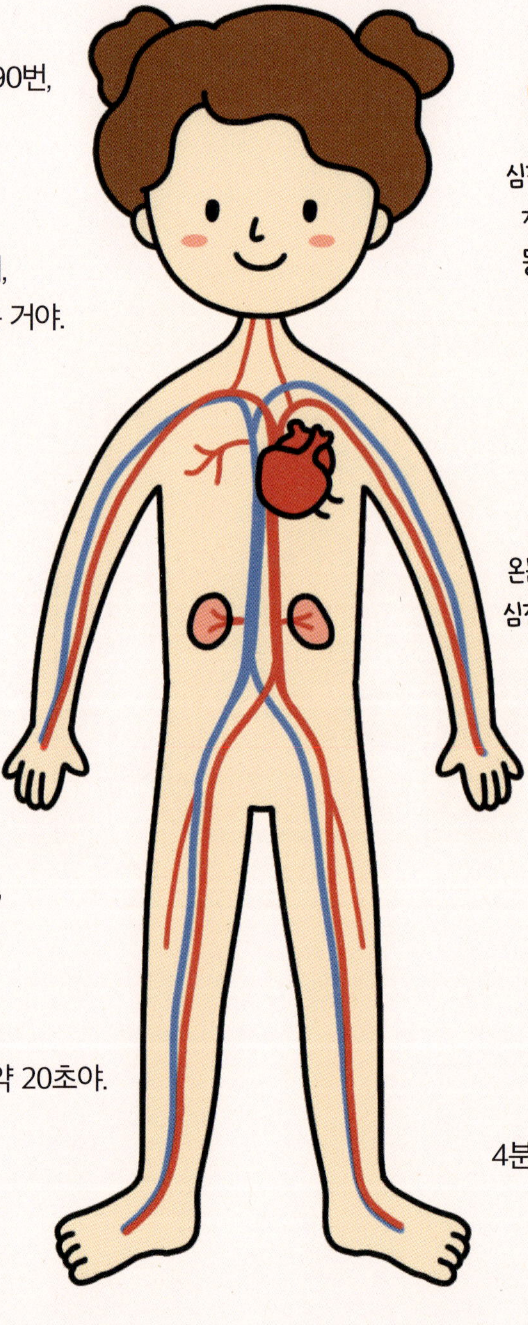

동맥
심장에서 나가는 피가 지나가는 핏줄이야. 동맥의 피는 산소를 많이 싣고 있어.

모세혈관
몸 구석구석 퍼져 있는 가는 핏줄이야. 핏줄의 98%를 차지하고 있어.

정맥
온몸을 돌며 산소를 다 쓴 피를 심장으로 돌려보내는 핏줄이야.

심장에서 나간 피는 온몸의 세포에 산소를 전해주고, 찌꺼기인 이산화탄소를 받아서 다시 심장으로 돌아와. 심장에서 나간 피가 온몸을 한 바퀴 돌고 돌아오는 시간은 약 20초야. 우리 몸 전체에 퍼진 혈관이 10만 km니까, 정말 빠르지?

심장은 펌프와 같아. 한 번에 50~80ml의 피를 뿜어내어 온몸으로 피를 돌게 해. 심장이 10초 멈추면 사람은 의식을 잃고, 4분이 지나면 목숨을 잃어.

094 원자와 분자는 어떻게 다를까?

우리 몸은 원자로 이루어져 있어. 아니라고? 세포로 이루어졌다고?
맞아. 우리 몸은 수십 조 개의 세포로 이루어졌고, 그 세포들은 원자로 이루어져 있어.
세포 속에 가득 찬 물도, 우리가 들이마시는 산소도 원자로 이루어졌어.
우리를 포함한 우리 주변의 모든 물질은 원자로 이루어졌어. 원자는 도대체 뭘까?

원자는 물질을 이루는 기본 단위인 아주 작은 알갱이야. 너무 작아서 원자 현미경으로 겨우 볼 수 있어.
원자는 종류에 따라 크기와 무게가 다르지만 모두 다 아주 작아.
수소 원자 1억 개를 나란히 세워도 1cm도 채 되지 않을 정도란다.

원자의 중심에는 핵이 있고, 그 주변을 전자가 엄청나게 빠른 속도로 맴돌고 있어.

원자는 다른 원자들과 결합하여 분자로 변해.
예를 들어 수소 원자 두 개와 산소 원자 한 개가 짝을 이루면 물 분자가 돼.
물 분자가 더 많이, 어마어마하게 많이 모이면 뭐가 될까?
정답은 많은 물. 분자는 아무리 많아져도 다른 물질로 변하지 않거든.
분자는 어떤 물질의 특성을 가진 가장 작은 알갱이기 때문이야.

095 최악의 바이러스는 뭘까?

아주 옛날부터 지금까지 여러 바이러스가 인류를 괴롭혔어.
그중 사람들을 가장 많이 괴롭혔던 바이러스는 아마 천연두 바이러스일 거야.
천연두에 걸리면 죽는 경우가 많았고, 살더라도 심한 흉터가 온몸을 뒤덮었어.
하지만 요즘은 이 바이러스로 고통 받는 사람이 없어. 어떻게 된 걸까?

영국의 의사 제너가 백신을 개발한 덕분이야.
예전에는 최악의 바이러스였지만 더 이상은 아니야.
그러면 어떤 바이러스가 최악일까?

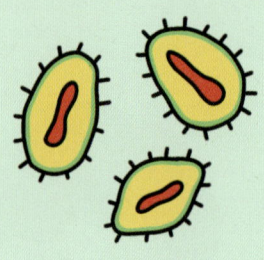

천연두 바이러스

인류 역사상
가장 사람을 많이 죽인 바이러스야.

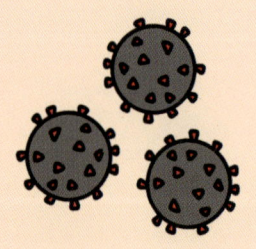

코로나 바이러스

우리가 잘 알고 있는
코로나19의 바이러스야.

아프리카 콩고에서 처음 발견됐어.
감염된 사람의 60~90%가 죽는
무서운 바이러스야.

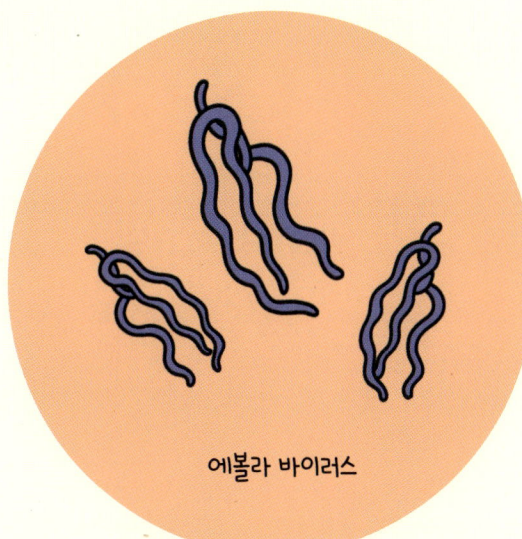

에볼라 바이러스

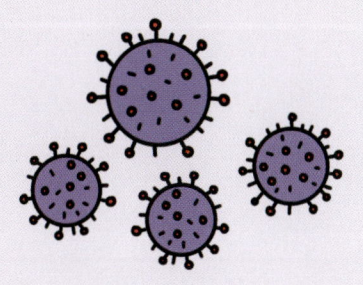

인플루엔자 바이러스

스페인 독감과
신종플루를 일으켰어.

요즘은 코로나 바이러스가 최악이라고?
맞아. 최근에 인류를 가장 괴롭히는 바이러스야.
코로나 바이러스는 원래 새와 포유류에게 감기를 일으키는
흔한 바이러스였는데 돌연변이를 일으켜 사람을 감염시키고 있단다.
2020년에는 새로운 돌연변이 코로나 바이러스가 코로나19를 일으켜
전 세계에서 많은 사람들이 고통 받았어.
하지만 벌써 코로나 백신을 만들었고,
곧 코로나19를 거뜬히 이겨낼 테니 최악은 아닐 거야.

096 별똥별은 정말 소원을 들어줄까?

밤하늘에 긴 꼬리를 그리며 떨어지는 별똥별을 본 적 있니?
보기만 하면 소원을 빌어버리겠다고? 그럼 정말 서둘러야 해.
별똥별은 아주 빠른 속도로 떨어지거든. "어!" 하는 사이에 그만 사라져버리지.
왜 이렇게 빨리 사라지는 걸까?

별똥별의 정체는 지구로 떨어지는 우주 돌멩이야. 유성체라고도 불러.
유성체는 바위만큼 큰 것도 있지만 작은 돌멩이나 굵은 모래알만 한 것도 많아.
이런 우주 돌멩이들이 지구로 떨어질 때, 지구를 둘러싼 대기와 마찰을 일으켜서 불이 붙는단다.
불이 붙은 우주 돌멩이는 땅에 닿기도 전에 사라져서 우리의 소원을 들어줄 시간이 거의 없어.

그래도 별똥별을 보면서 꼭 소원을 빌고 싶다면 유성우가 오는 날을 골라 봐.
유성우는 지구가 혜성이 지나간 자리를 지날 때 생겨. 유성우의 '우'는 비를 뜻해.
혜성에서 떨어진 부스러기들이 지구 대기권으로 우수수 비처럼 쏟아지거든.
그 많은 별똥별 중에 하나가 어쩌면 네 소원을 들어줄 지도 모르잖아!

유성우가 오는 날 소원을 빌어 봐!

앗! 별똥별이 너무 빨리 떨어졌어요!

최고로 빨리 떨어질 때의 속도는 1초에 59km나 된단다.

 사람

097 커피를 마시면 왜 잠이 안 올까?

향기로운 커피에는 사실 독이 들어 있어. 깍! 무섭지?
엄마, 아빠에게 당장 커피 금지령을 내리겠다고?
잠깐, 맛있는 초콜릿에도 독이 있는데 초콜릿도 끊을 생각은 아니겠지!
왜 독이 있는 커피와 초콜릿을 먹어도 괜찮을까?

독이라고 다 나쁜 건 아니야.
적당히 먹으면 건강에 도움이 되고, 병을 치료할 수도 있어.
커피와 초콜릿에 든 독은 카페인이라고 하는데,
적당히 먹으면 정신을 활발하게 만들어 줘.
하지만 너무 많이 마시면
지나치게 활발해져서 잠이 안 오고 말이야.

식물은 다른 동물에게 먹히지 않으려고
독을 만들었어. 하지만 독이 있는 식물을
골라 먹는 곤충도 있어.
식물이 몸을 보호하려고 독을 만들면,
동물들도 그 식물을 먹으려고
몸을 진화시키기 때문이야.
사람들도 식물의 독을 음식으로, 차로, 약으로
활용하고 있단다.

뭐? 커피에 독이 들었다고?!

고추
매운맛을 내는 캡사이신 성분이 독이야.

담배
니코틴이라는 독이 있어.

협죽도
옛날에 사약을 만들었던 맹독성 식물이야.

디기탈리스
독 성분으로 심장병 약을 만들어.

098 유전자 변형 식품은 우리 유전자도 바꿀까?

유전자 변형 식품은 말 그대로 유전자의 성질을 바꾼 농산물로 만든 식품이야.
어쩐지 이름이 무시무시해서 유전자 변형 식품을 먹으면 내 유전자도 바뀔 것 같지 않니?

유전자 변형 식품과 우리 유전자는 관계가 없어.
유전자 변형 식물은 사람이 식물의 특정한 유전자를 골라 없애고,
원하는 특성을 가진 다른 유전자로 바꿔 넣어 바꿔서 만들어.
빨리 크게 자라는 슈퍼 옥수수, 병충해에 강한 목화, 잘 무르지 않는 토마토 등을 만들었지.

최근에는 특정한 성분을 첨가한 식물도 개발하고 있어.
땅콩 알레르기가 있는 사람들도 먹을 수 있는 땅콩, 당뇨환자를 위한 인슐린이 든 양배추…
이런 식품들이 개발되면 도움을 받을 사람도 많을 거야.

우리나라는 유전자 변형 식품을 많이 수입하는 나라 중 하나야.
콩, 옥수수, 유채, 토마토, 감자 등을 수입하고 있어.
우리가 먹는 과자를 튀긴 기름과 달콤한 과당은 거의 다 유전자 변형 옥수수로 만들었어.
인류가 유전자 변형 식품을 먹기 시작한 지는 겨우 20년이 조금 넘었어.
유전자 변형 식품이 우리에게 도움이 될지, 해가 될지는 좀 더 지켜봐야 해.

평범한 농산물 같아 보여도 유전자는 달라.

 사람

099 냉동인간은 다시 깨어날 수 있을까?

냉동인간은 공상과학 영화 속에 나오는 이야기가 아니야.
실제로 냉동인간이 되어 미래를 기다리는 사람들도 있단다.
어떻게 냉동인간이 되었을까?

사람을 냉동시킬 때는 무작정 냉동고에 넣으면 안 돼.
체온을 천천히 낮추어 생명 활동이 멈추면, 피를 모두 빼고 혈관에 얼지 않는 액체인 부동액을 채워.
몸속의 피와 물이 얼면 세포가 상할 수도 있기 때문이야.
냉동인간은 이 상태로 영하 196도의 질소 탱크에서 급속 냉동된단다.
뇌만 냉동시키는 사람들도 있어. 신체는 유전자 복제 기술로 만들 수 있기 때문이야.

신체 일부만 얼리는 기술은 지금도 사용하고 있어.
이 기술을 활용해서 요즘에는 정자와 난자, 또는 수정란을 냉동보관하는 사람들도 많아.
건강할 때 냉동해두었다가 아기를 갖고 싶을 때 쓰려고 말이야.

냉동인간이 다시 살아날 수 있을지 없을지 아직은 몰라.
현재는 사람을 냉동 보존하는 기술만 개발되었고, 안전하게 해동시키는 기술은 개발하지 못 했거든.
하지만 언젠가는 해동 기술도 개발되지 않을까?

 지구

100 비가 많이 내리면 지구가 더 무거워질까?

여름철이 되면 하늘에 구멍이 뚫린 것처럼 비가 많이 오는 걸 본 적이 있을 거야.
비가 너무 많이 내려서 강물이 넘치거나 산사태가 나는 장면을 뉴스에서 본 적이 있지?
이렇게 비가 많이 오면 지구가 더 무거워질까?

비가 너무 많이 와서 강물이 넘치거나 화산이 폭발해 섬이 새로 생겨나면
지구의 무게는 어떻게 될까? 그래도 지구의 무게는 변하지 않아.
비는 원래 지구에 있던 물이 증발했다가 다시 쏟아진 거니까.

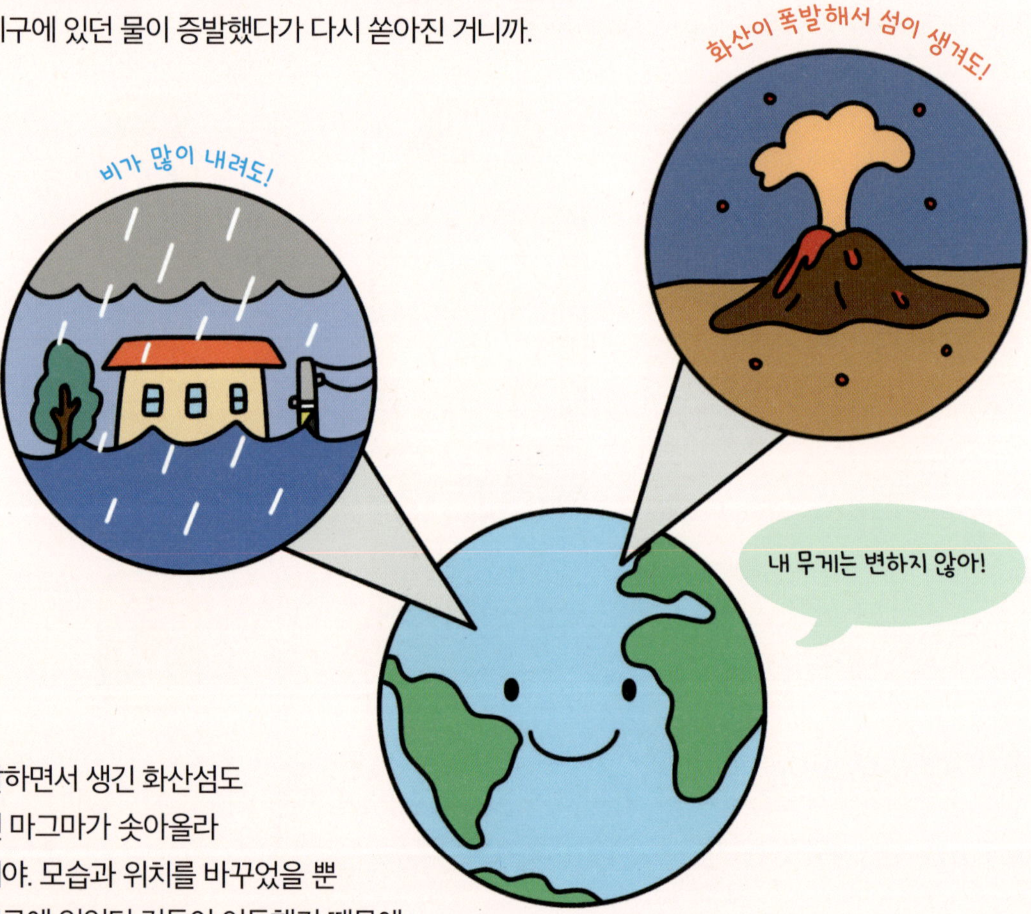

비가 많이 내려도!

화산이 폭발해서 섬이 생겨도!

내 무게는 변하지 않아!

화산이 폭발하면서 생긴 화산섬도
땅속에 있던 마그마가 솟아올라
만들어진 거야. 모습과 위치를 바꾸었을 뿐
원래부터 지구에 있었던 것들이 이동했기 때문에
지구의 무게는 그대로란다.

찾아보기

ㄱ

가뭄 92
간 12
감각 12
감염병 56, 74
골다공증 115
골든디스크 114
골수 72
공기 26, 31, 84, 96
공상과학 123
공전 52
관성 60
광년 53
광학현미경 57
광합성 19, 30, 38
국제우주정거장 51, 60, 115
균류 37
근육 12, 115
금성 13, 14
기공 54
기관 12
기생충 28
기억력 59, 70
끈끈이주걱 49

ㄴ

난자 123
남극 36, 55

내핵 21
넓적다리뼈 72
노폐물 67
뇌 12, 59, 70, 85

ㄷ

단백질 41
달 15, 32, 51, 53, 77, 78, 100
대기권 50, 96, 102, 108
대류 26
대장 111
독 117
돌연변이 82, 119
동맥 116
등자뼈 72

ㄹ

로봇 18
로켓 52, 111
루나3호 77

ㅁ

마그마 65, 124
마리아나 해구 22
마이크로초 110
마찰력 60

125

맥박 116
맨틀 21
메타물질 75
면역 46, 59
모세혈관 116
목성 13, 14, 32
무기질 47, 49
무생물 18
물질 29
물체 31, 60
미네랄 115
미뢰 94
미세플라스틱 45
밀도 86

ㅂ

바다 22, 26, 36
바람에너지 113
바이러스 46, 56, 74, 82, 118
받침점 76
발화점 29
백상아리 17
백신 74, 119
백혈구 39, 56, 72
번개 88
벌레잡이 식물 49
병원균 56
보이저 1호 114
복제 109
부동액 123
부레 17
부메랑 성운 65

부피 86
분자 83
불의 고리 29
북극제비갈매기 55
빅뱅 65
뼈 12, 72, 115

ㅅ

산소 19, 29, 30, 81, 96, 116, 121
상현달 79
생명활동 18
생태계 102
석유 35, 44, 62, 112
석탄 35, 62, 112
섭씨 20
성대 91
성장기 95
세균 28, 46, 56, 74, 90
세포 18, 46, 57, 75, 81, 90, 95, 116, 121
소화 46, 47
수력에너지 112
수성 14
수소 121
시간여행 110
시냅스 85
식도 47
신경세포 85
실험 58
심장 12, 115, 116

ㅇ

아가미　17
아포크린샘　67
암석　21
압력　62
액체　83
양봉　80
양분　38
에볼라 바이러스　119
에크린샘　67
연골　115
열　16, 29, 62
열평형　16
염화칼슘　92
엽록소　30
엽록체　30
온도　20, 26, 29
외핵　21
우주　25, 33, 50, 53, 60, 65, 84, 110, 115
우주탐사선　114
원자　27, 121
원자현미경　57
위　47
위성　15
유성　120
유전자　37, 48, 115, 122, 123
이산화탄소　14, 19, 36, 81, 96, 116
인공위성　103, 114
인공지능　98
인플루엔자　119
입자　16

ㅈ

자기장　42, 55, 64
자석　27, 42, 64
자외선　45
자전　52, 77
작은창자　47
재생에너지　113
적외선　43
적혈구　39, 41, 72
전기　62, 64, 88
전자현미경　57
절대온도　65
정맥　116
조류　36, 38, 39
중력　24, 32, 33, 108
증발　124
증산작용　54
지각　21
지구　13, 14, 21, 24, 28, 32, 35, 36, 50, 52, 53, 60, 76, 84, 102, 124
지렛대　76
지의류　38
지진　63
진동　91
진화　37, 43, 90
질량　24, 33, 35, 86
질소　49, 81, 96, 123

ㅊ

천연가스　62
천연두　118

천왕성   15, 114
천체   13, 25
체세포   109
체온   67
초음파   93
초점   58

ㅋ

카페인   117
켈빈   65
코로나 바이러스   74, 119
코일   64
크레이터   78
크릴   36
큰창자   47

ㅌ

태양   13, 14, 25, 35, 52, 65, 65, 78, 114
태양계   14, 35, 108, 114
태양에너지   113
태평양   108, 114
토성   15

ㅍ

파동   116
파리지옥   49
파장   57
파충류   39
폐   12

포유류   39, 111
폴립   97
프록시마 켄타우리   53
플랑크톤   36, 62
피뢰침   89
핀치새   37

ㅎ

하현달   79
학명   28
합성수지   44
항성   13
항원   41
항체   56
해왕성   15, 114
해파리   97, 104
행성   13, 14, 15, 114
헤모글로빈   39
현미경   57
혈구   39
혈소판   39, 72
혈장   39
호흡   19, 81
화산대   63, 124
화산섬   124
화석에너지   62
화씨   20
환태평양지진대   63